Constantino Veces
(214) 577-4555
Email: cveces@hotmail.com

Christian Flèche
Franck Olivier

Creencias y terapia

Cómo modificar nuestras creencias
para recuperar la libertad

SELECTOR®
actualidad editorial

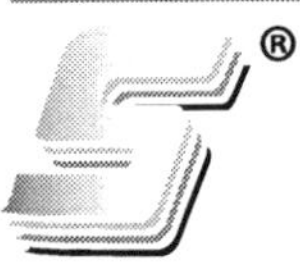

SELECTOR ®
actualidad editorial
Doctor Erazo 120 Colonia Doctores México 06720, D.F.
Tel. (52 55) 51 34 05 70 Fax. (52 55) 57 61 57 16
LADA SIN COSTO: 01 800 821 72 80

Título: Creencias y terapia. Cómo modificar nuestras creencias para recuperar la libertad
Autor: Christian Flèche y Franck Olivier
Traducción: Leticia Alvaradejo Urrutia
Colección: Salud

Traducción de la obra original *Croyances et Therapie*, Démasquer ses croyances et s' en liberer

Copyright: D.R. © 2007 by Le Souffle d'Or France, www.souffledor.fr
All Rights Reserved.
To conform with the requirements of the Universal Copyright Convention

ISBN (original): 978 2 84058 326 4

Diseño de portada: Socorro Ramírez Gutiérrez
Ilustración de portada: Istockphoto

D.R. © Selector, S.A. de C.V., 2010
Doctor Erazo 120, Col. Doctores
C.P. 06720, México, D.F.

ISBN: 978-607-453-068-1

Primera edición: julio 2010

Sistema de clasificación Melvil Dewey

159
F55
2010

Flèche, Christian, Franck Olivier
Creencias y terapia / Christian Flèche, Franck Olivier
trad. Leticia Alvaradejo Urrutia.--
Cd. de México, México: Selector, 2010.
248 pp.

ISBN: 978-607-453-068-1

1. Psicología. 2. Ética. 3. Relaciones personales.

Contenido

Primera parte

Desenmascare sus creencias

Segunda parte

Libérese de sus creencias

Prólogo

Un día, un sacerdote y un psicoanalista se reunieron. El hombre de Dios anuncia al hombre del inconsciente: "Hijo mío, tengo la convicción de que es el mismo Dios quien, desde el seno materno de vuestra madre, os ha predestinado a trabajar por la salud de sus Hijos". El psicoanalista le responde: "Yo, por mi parte, supongo que es su propio conflicto edípico lo que lo hizo expresarse de esa manera"… Y el sacerdote le contesta, lamentándose: "¡Ésta es la prueba de que Dios es quien os inspira, pero en un espíritu malvado!". Y el psicoanalista insiste, todavía con más entereza: "¡Esto es la confirmación plena de mis pensamientos; porque, si hablamos de espíritus malvados… eh, eh… usted no habla sino de sus propias representaciones vergonzosas e inconfesables! ¡Y esto es la prueba que confirma mi punto de vista y el diagnóstico neurótico que mencioné!".

El sacerdote, después de suspirar profundamente, promete al psicoanalista: "Y bien, hijo mío, voy a interceder para que vos seáis liberado de esos pensamientos impíos". En cuanto al psicoanalista, con un gesto de alto profesionalismo, le propone, por su parte, que lo recibirá en su diván el día en que el sacerdote sienta el deseo de desembarazarse de sus obsesiones sobre el bien y el mal.

La conversación continuó con monólogos progresivos entre uno y otro.

No lejos de allí, en el cementerio, ubicado a medio camino entre la iglesia y el dispensario, concluía el sepelio de un médico, padre de un muchacho. El chico no dejaba de sollozar sobre la tumba de su progenitor, que acababa de ser inhumado.

El psicoanalista, al darse cuenta desde lejos del espectáculo, se pregunta sobre la manera como el muchacho pudiera dejar a un lado su sentimiento de culpabilidad, resultado de la angustia asociada con la fuerza todopoderosa de su pensamiento mágico, a través del cual él había, de manera fantástica, destruido a su padre.

Entre las personas que llegaron a presentar las condolencias a la familia se encontraba un maestro practicante de PNL (programación neurolingüística) quien, al ver lo que sucedía, calibró el estado interno del muchacho al traducir los comportamientos externos y húmedos de éste. Remarcó algunos modelos y no omitió hacer una lectura de pensamiento sobre las secuencias de los procesos internos del huérfano que ponían en juego sus programaciones pasadas.

Un gestaltista, que también estaba presente, se dijo que iba a motivarlo a llorar por más tiempo, a no contener sus emociones y toda la fuerza de su tristeza y, ¿por qué no?, a gritar su desesperanza con el fin de ayudarlo a llevar a buen término este proceso gestáltico dramático.

A continuación, un psicogenealogista se acerca, pregunta al muchacho cuál es su nombre y quién de entre ellos llevaba el mismo nombre… Y después de haberle preguntado su edad, comenzó a manifestar interés en lo que sus antepasados habían vivido a la misma edad que él, y en quiénes habían sido también huérfanos en el árbol genealógico y con quienes el muchacho estaba relacionado, y en quiénes habían sido los otros antepasados que no habían podido concretar su dolor y que hoy lo expresaban a través de él.

Un budista, amigo de la familia, observaba de lejos al muchacho y sintió gran compasión por él. Ante sus ojos no hay sufrimiento, todo es ilusión, la muerte no existe. Sólo el cambio es constante —se dice, en su meditación—; la vida simplemente cambia de forma.

Un judío practicante le propone al joven recitar el *Kiddoush* y desgarrarse la camisa.

Al haber finalizado todo este desfile, el muchacho, que no había escuchado nada de todas estas proposiciones, quedó bañado en lágrimas que le arrasaban los ojos y el entendimiento.

Entonces, el padre se acerca a él y se sienta a su lado; ésta era una bella ocasión para salvar a un alma. De esta manera, comienza a interrogarlo sobre su fe: "Mi querido muchacho, comprendo a la perfección tu pena. Pero, ¿tú sabes que Dios es bueno y que un día volverás a encontrarte con tu padre, ahora enterrado bajo la tierra, y que nunca jamás te separarás de él? Y el jovencito le responde, devastado: "¡Sí, yo sé todo esto, yo sé que volveré a verlo, y eso es justo lo que me desespera!".

Presentación

¿Por qué un libro sobre las creencias?

¿Qué vínculos podemos establecer entre nuestras creencias y nuestras dificultades en la vida?

¿Cuál es su utilidad, tanto para los terapeutas como para los pacientes?

Este libro es el fruto de una reflexión proveniente de nuestras prácticas como terapeutas y formadores prácticos, a través de las cuales hemos podido medir la importancia y el peso de nuestras creencias, ya sea en la aparición y el desarrollo de síntomas, en el discurso que nosotros elaboramos a propósito de éstos, y aún en nuestra vida cotidiana.

La primera parte, teórica, permitirá precisar el campo concerniente al vasto terreno de lo que llamamos las creencias. Ésta responderá a las siguientes preguntas:

¿Qué es una creencia? Cuando hablamos aquí de una creencia, no se trata sólo de creencias religiosas. Las creencias pueden abarcar otros terrenos, los cuales trataremos de identificar y señalar. Pensar que la Tierra es redonda, que el agua se congela a 0°, que mi vecino me detesta, que los nativos de Virgo tienen problemas gastrointestinales…, todos estos enunciados representan diferentes niveles de percepción del mundo y de organización del conocimiento. ¿Cómo distinguir una creencia de un pensamiento objetivo, racional? El conocimiento derivado de la ciencia, en sí mismo, ¿está exento de creencias?

Una vez definida la creencia podemos preguntar:

¿Cuándo se instala esta creencia como tal? ¿Cómo sucede? ¿Por qué? ¿En qué momento decidimos creer en lo que creemos: que el mundo es hostil, que las mujeres son peligrosas, que el vino es perjudicial para la salud, que los diplomas son necesarios para ser adultos, que amar es darlo todo o que las vacunas protegen o te ponen enfermo…?

Y después, más a fondo:

¿Uno decide creer en todo lo que cree? La instalación y la puesta en marcha de una creencia son, la mayoría de las veces, inconscientes. Nuestras creencias se imponen a nosotros como evidencias y nos cuesta trabajo comprender, o más bien, no comprendemos que no sean compartidas por otros. Todos conocemos, por ejemplo, personas que creen con firmeza que el placer va siempre de la mano del dolor, o que el amor hace daño o, más allá de esto, que ocuparse de uno mismo revela una actitud egoísta…

La segunda parte de este libro intenta proponer pistas orientadas hacia la práctica, hacia el cambio o hacia eso que podríamos llamar la "terapia de las creencias".

Una vez que nuestras creencias han sido identificadas, una vez que las entendemos como limitantes, ¿qué es lo que podemos hacer? ¿Podemos cambiar de creencias? ¿Qué es lo que implica un proyecto así, y en qué condiciones? ¿Debemos hacerlo y cómo? ¿Y por cuál creencia nueva, si admitimos que no podemos pretender hacer a un lado las creencias…?

• • •

A todo lo largo de este libro ustedes encontrarán descritos cierto número de "protocolos". Las escuelas psicoterapéuticas, como la PNL, utilizan este término para designar ejercicios prácticos formalizados, en los cuales se procede por etapas, cuyo objetivo es explorar los contenidos físicos más o menos conscientes, como las creencias. El objeto de estos protocolos podrá ser orientado hacia el cambio de manera más directa y con intención terapéutica; sin embargo, en ningún caso sustituyen la relación con un profesional de la salud del espíritu.

La palabra "protocolo" tiene su raíz etimológica en el término griego *protokollon*, que significa "lo que se colocó como primero". Un protocolo se define como un "enunciado de las reglas de desarrollo de una experiencia". Esto implica seguir determinado número de etapas precisas que responden a una lógica interna. Cada día, cada uno de nosotros sigue protocolos, ya sea para hacer un pastel, para conducir un vehículo, para abrir un archivo informático, para practicar una actividad deportiva o para organizar unas vacaciones... Y, en cada ocasión, la emoción y la sorpresa están allí, al final del camino...

Los protocolos propuestos en psicoterapia desmenuzan y formalizan la lógica interna de una experiencia. La mayor parte de las ocasiones, hacen un llamado a la imaginación y a su función creadora, generadora de cambio y de nuevas experiencias, como han demostrado innumerables investigaciones en ciencias humanas desde hace mucho tiempo y los resultados más recientes producto de las neurociencias.

La magia de los protocolos consiste, por una parte, en la movilización de esta función imaginativa y, por la otra, en la noción de etapas, de secuencias. Cada etapa es la preparación de la siguiente, que viene a coronarla y, al completarla, permite acceder a una nueva experiencia. Ésta no es posible sino gracias a la precedente y será la puerta de nuevas experiencias todavía. Cada una de estas etapas implica gran honestidad personal, lo que llamamos, según el criterio de Carl Rogers, una gran congruencia entre aquello que pensamos, lo que experimentamos y lo que nos decimos. Vaya al final del ejercicio y usted obtendrá un interés siempre renovado.

Los ejercicios que presentamos en este libro son sencillos y accesibles para cualquier persona. Usted puede practicarlos solo, pero es muy evidente que el apoyo y la escucha neutral de un psicoterapeuta potencializarán los beneficios. Son ejercicios originales y se inspiran, con frecuencia, de cerca o de lejos, en los protocolos difundidos por la PNL, acercamiento que nosotros mismos hemos descubierto, entre otros, en el Instituto Ressource (Bélgica).

• • •

La intención de este libro es proponerle elementos de respuesta derivados o producto de nuestras prácticas y entrevistas terapéuticas, en efecto, nos resulta evidente, a través de la experiencia en nuestros consultorios, que el trabajo sobre las creencias representa una parte ineludible del trabajo con uno mismo. A nuestros ojos, todo proceso terapéutico que se pretende que sea eficaz[1] o pertinente implica un trabajo sobre las creencias limitantes del sujeto concernientes a sí mismo, al mundo, a los demás, a la vida, a su madre, al pasado, al futuro... Este trabajo se hace de manera consciente —o inconsciente—, pero no hay cambio sin cambio de creencias, sin transformación o evolución de éstas. ¿Por qué?

En primer lugar, porque nuestras creencias forman una pantalla entre el mundo exterior, los sucesos y nosotros mismos.[2] Son representaciones de la realidad, que por lo general tendemos a confundir con la realidad misma..., pero que, al avanzar en el camino, hemos olvidado su origen...

En segundo lugar, las creencias perpetúan los sufrimientos del pasado. En nuestras prácticas profesionales constatamos hasta qué punto una persona puede estar marcada, modelada en su comportamiento, sus pensamientos o sus emociones, traumatizada por un acontecimiento muy antiguo..., ¿cómo sucede que los traumas pasados, las historias conflictivas —ya sean personales, familiares o transgeneracionales—, cómo sucede que todo ello sobrevive y se repite incluso ahora..., aunque el acontecimiento, el drama, la dificultad sucedió hace diez años o hace tres generaciones?

En apariencia cerrado, cronológicamente terminado, ¿cómo es posible que un acontecimiento sucedido hace cuarenta y tres años, cinco meses y diez días permanezca activo en nuestro "aquí y ahora", aún da forma a nuestra relación en el presente, en el mundo y a nosotros mismos? Pensamos que es justo ésa una de las funciones principales de las creencias: hacer atravesar el tiempo a nuestro pasado vivido..., repetir para no olvidar... Esto es lo que algunos llaman un "aprendizaje".

De ello se deriva la importancia de esta obra, tanto para los profesionales comprometidos con la relación de ayuda, como también para toda persona que se interrogue sobre el cambio, la terapia y la estructura de los seres humanos.

---

1. Eficaz, es decir: que permita definir un objetivo y alcanzarlo, objetivo incompatible con el mantenimiento de la queja o problema que originó la consulta.

2. Esto trae como consecuencia un conflicto en la reconstrucción permanente de las representaciones que nos hacemos de lo que es y de lo que debe o debería ser.

El propósito de esta obra es, sin embargo, más grande que el mero acercamiento terapéutico. Se interesa en diversos terrenos del ser humano y de su vida interior. Se relaciona con toda mujer y con todo hombre interesados en su salud, en su desarrollo personal, en su evolución, y en aquello que puede ser un "camino de conciencia"; dicho de otra manera, ¿cómo avanzar en el conocimiento de los resortes secretos que se traman en nuestra ignorancia, pero no sin nosotros...? Resortes que nos conducen a tomar tal o cual elección, sostener determinado proyecto, desarrollar alguna enfermedad, temer a ciertos objetos o sufrir por pensamientos que nos invaden y cuyo carácter irracional no escapa a nuestra percepción (no siempre).

Nos parece que el camino para la toma de conciencia de nuestras creencias limitantes, la actualización de esas evidencias que nos gobiernan, constituye una etapa esencial para todo aquel que desea crecer en libertad, en madurez y en autonomía.

Aparecerán, mientras usted avance en la lectura de esta obra, distinciones cada vez más detalladas en la definición de las creencias y en la comprensión de su realidad sutil.

Cuando se trata de creencias, la mayoría de nosotros hace referencia espontánea al terreno religioso. No todos tenemos conciencia, ni en cada instante, de que en realidad somos dirigidos por importantes creencias que pertenecen a otras categorías, a otros niveles... Creencias que están fuertemente implicadas tanto en nuestras elecciones cotidianas como en las decisiones más importantes de nuestras vidas, ya se trate de ejercer tal o cual profesión, de irse de vacaciones a tal o cual lugar, de leer un libro u otro diferente, de elegir ese cónyuge, ese plato en el restaurante...

Los diferentes terrenos de nuestra vida están, pues, relacionados, y en ésta, el campo religioso no es sino sólo un aspecto, un campo particularmente propicio de formación para nuestras creencias inconscientes, pues no es comprobable. En hebreo, el verbo creer, de la raíz *mn*, (de la que deriva la palabra "amen"), tiene una connotación muy fuerte, que implica las nociones de certeza, de confianza total, de fidelidad y de estabilidad. Se trata de una adhesión radical, de "corazón", que implica una sumisión de la voluntad y del intelecto, una unión que no debe dejar lugar a intersticios en los cuales pueda ubicarse la duda, en términos fundamentales, del pensamiento racional según Descartes: *Dubito ergo cogito ergo sum.*[3] Creer se coloca en el proceso opuesto a dudar y a pensar. La creencia no es una opinión, es un acto que involucra la totalidad del cuerpo cognitivo, emocional y del comportamiento. Sin entrar aquí en el inagotable debate filosófico de los puntos de vista de la fe y la razón, observamos que si tenemos allá una característica fundamental de la creencia religiosa, ésta puede, por extensión, informarnos de manera útil sobre la naturaleza exclusiva, las pretensiones universalistas —hasta totalitarias— y el funcionamiento de nuestras creencias en los terrenos de otras religiones.

He aquí unos ejemplos llevados a diferentes planos:

Profesional:

Si yo no tengo las tres creencias de acuerdo con las cuales "ayudar es un valor fundamental", "soy capaz de hacerlo" y "algunas personas tienen necesidad de una ayuda exterior", entonces, llevar a cabo una actividad ligada con la relación de ayuda no tiene ningún sentido para mí. No invertiré ninguna energía para llevar a cabo una actividad de ese tipo y no encontraré interés ni placer en llevar a cabo estudios con esa finalidad.

Si tengo las creencias que dictan que "la gente es pesada" y que "las obligaciones me impiden vivir", buscaré ejercer una profesión autónoma, de preferencia sin un jefe.

Vacaciones, tiempo libre:

Aquí hay un ejercicio simple y fácil: Complete, de la manera más espontánea posible, la siguiente proposición:

Para mí, las multitudes = ¿...........?

---

3. "Dudo, luego pienso, luego, existo". La primera parte de la cita es objeto, la mayor parte del tiempo, de una lamentable omisión.

¿Qué palabra llega de forma espontánea a su espíritu? Si la respuesta es peyorativa, lo más probable es que usted elija un lugar o una actividad solitaria: una isla lejana, deportes individuales... Las playas llenas de gente, los centros nocturnos y los deportes en grupo no serán convenientes para usted en lo más mínimo.

Afectivo:

En el terreno de los afectos, resulta muy evidente que nuestras elecciones, nuestras implicaciones y nuestros rechazos no se realizan por azar en ésta o aquella persona. Más bien, responden, entre otros, a cierto número de valores que están estrechamente ligados con nuestras creencias fundamentales.

Para continuar con el ejercicio de completar la frase: "Para mí, el hombre (la mujer) ideal es un individuo ....(platicador / silencioso, activo / tranquilo, grande / pequeño, protector /frágil, etcétera), usted verá dibujarse algunos de sus valores y, por tanto, de sus creencias.

Ejemplo:

La señora Y tomó por esposo a un hombre fuerte y voluntarioso, cualidades que le faltaron cuando era una niña: "Mi padre era indolente, pasivo"... Nació entonces, dentro de su espíritu de niña, la creencia: "Si me caso con un hombre pusilánime, seré desgraciada toda mi vida, como mi madre lo fue durante toda su vida".

Salud:

La cuestión de las enfermedades, sus causas, su sentido, es un nicho donde se acomodan también numerosas creencias. El enfoque de la biodecodificación de las enfermedades se pregunta sobre el lazo que existe entre el desarrollo de una enfermedad, los acontecimientos de vida y los factores psicobiológicos, entre los cuales las creencias ocupan un lugar de primer plano.

Ejemplo:

Después de un despido, el señor X se sentía sin identidad, perdido: es eso que llamamos el acontecimiento emocional, un *shock*. El primer sentido, biológico, fue para él una falta de referencia. Un síntoma físico susceptible de aparecer, en ciertas condiciones, podría ser insuficiencia renal, en la cual el fin es guardar líquidos y donde el agua es una traducción biológica de referencia (los animales marcan su territorio con su orina).

Pero, para reaccionar de tal suerte, este hombre tenía la creencia según la cual el trabajo es esencial para tener un sentido de vida, una identidad estable. Si, por el contrario, en el sistema de creencias de este hombre el trabajo fuera sinónimo de aburrimiento o de pena, un despido no sería vivido de manera dramática y no sería la ocasión para experimentar un suceso emocional negativo.

Como es evidente, la lista puede ser muy larga al tocar todos los terrenos de nuestra existencia y dado que las respuestas quedan, la mayor parte del tiempo, fuera del campo de nuestra conciencia. Mientras no nos hagamos preguntas, creemos estar eligiendo.

> *Tanto por el placer*
> *Como por la poesía*
> *Creí elegir*
> *Y yo fui elegido*
> *Me creí libre*
> *Sobre un filo de acero*
> *Cuando todo equilibrio*
> *Viene del balancín.*
>
> Aragón

· · ·

Si nuestros genes determinan nuestras características físicas (color de los ojos, forma de la nariz, etcétera), nuestras creencias determinan nuestro comportamiento, profesiones, empleo del tiempo libre, gustos y disgustos, elecciones afectivas y sentimentales, etcétera. Sin embargo, aunque nosotros no podemos cambiar nuestros genes, podemos, por el contrario, actuar sobre nuestro sistema de creencias. En ocasiones, éstas son profundas, resistentes, pero no inmutables.

Como veremos a lo largo de estas páginas, las creencias no son innatas, sino adquiridas (en el curso del desarrollo), normadas a nivel social y codificadas a nivel cultural.

Como lo expresa magistralmente Freud en una frase que se hizo célebre, "el yo no es maestro en su terreno". No es el consciente del ser humano ni su razón lógica intelectual lo que lo dirige, sino más bien su vida inconsciente. Es ésta la que lo puso a actuar, a tomar tal camino, a elegir tal actividad, a fallar en tal examen... "El ser humano puede hacer lo que quiera, pero no decide lo que quiere", escribió Einstein.

Nuestras creencias deciden todo en nosotros, tanto los deseos como las repulsiones. Son activas, no conscientes y determinantes. Ocasionan la lluvia y el tiempo bueno de nuestras vidas, en nuestro cuerpo y nuestros pensamientos, en nuestras emociones y nuestros comportamientos. En nuestro cerebro se produce un destello, un golpe relámpago, una brisa ligera, un viento alisio o una bruma espesa, según pensemos que la vida es difícil, dura, que es necesario luchar y sufrir o que estamos en el mundo para gozar y para descubrir la felicidad.

Primera parte

Desenmascare sus creencias

Capítulo 1

Definiciones

Lo que cuenta es la estructura
(del problema, del pensamiento, de la experiencia)

Un vínculo entre dos objetos

"El bacilo del cólera, se dice, provoca el cólera." El profesor Claude Bernard, después de haberles mostrado a sus alumnos, bajo el microscopio, el bacilo vivo del cólera dentro de un tubo de ensayo, al final del curso, ingirió todo el contenido del tubo de ensayo y acompañó su gesto con una frase que fue célebre: "El microbio no es nada, el terreno lo es todo". Bebió el contenido entero y jamás fue víctima del cólera. La idea de que el bacilo del cólera produce la enfermedad, ¿será una creencia compartida en general? ¿Qué debemos entender por "creencia"? ¿Qué lazos o vínculos y qué límite hay entre la ciencia y las creencias?

Las afirmaciones, pensamientos o ideas que se imponen en nosotros como evidencias, en ocasiones no son verdaderos, o nunca son verdaderos. Una afirmación puede ser verdadera en un contexto determinado, y probar ser falsa en otro. Ciertas creencias proceden de una generalización por omisión del contexto en el cual sus enunciados han sido comprobados.

Podemos colocar, como una primera definición:

> **LA CREENCIA ES UN VÍNCULO ARBITRARIO ENTRE DOS OBJETOS.**
> **ESTE VÍNCULO ES DE IGUALDAD O DE IMPLICACIÓN.**

En el terreno psicológico, estamos sostenidos, dirigidos, por nuestras creencias. Éstas tienen una estructura formal y un contenido. El contenido varía hasta el infinito,[1] pero la estructura siempre es la misma: es un vínculo arbitrario entre dos objetos, ya sean concretos o abstractos.[2]

Este vínculo puede ser de dos tipos:

> DE IGUALDAD: A = B

> DE IMPLICACIÓN: A → B

Ejemplos

La célebre definición del amor de Saint-Exupéry, de acuerdo con quien "amarse es mirar en la misma dirección", corresponde a la primera estructura formal de creencia: el vínculo de igualdad o colocación en ecuación. Esta estructura formal relaciona la forma de amar y la de mirar en la misma dirección. Otras personas, por el contrario, estiman que "amarse es mirarse uno en los ojos del otro"… Nos encontramos también, en esta premisa, en un vínculo de igualdad: A = B.

> Amar = mirar en la misma dirección
> Amar = mirarse uno en los ojos del otro

---

1. Ejemplo de creencias: la amistad es la vida, el amor te vuelve ciego, la familia siempre implica problemas, la familia está allí para ayudar, cuando se es un amigo, se presta el automóvil. *Amistad, vida, amor, ciego, automóvil, familia, tristezas, ayuda,* son palabras que pueden calificarse como contenido, como relleno.

2. Concreto: automóvil; abstracto: amor, ayuda.

Utilizando el mismo tipo de vínculo muchas personas establecen una ecuación entre su identidad y un valor: "Soy una nulidad, no valgo nada…" Crean un vínculo de igualdad entre su ser, su identidad, y una capacidad; en este ejemplo, la nulidad.

Yo = una nulidad

El segundo tipo de vínculo estructural es la implicación: esto implica aquello: $A \rightarrow B$.

En este caso, los dos términos no son iguales pero están enlazados por un vínculo de dependencia o de causalidad. Uno se desprende del otro.

Para retomar la definición del amor, ésta podría decir: "Cuando se ama, se da todo". El amor implica el hecho de dar todo y, en el sentido inverso, si uno no da todo, eso significa que no ama.

Amor → dar

Las supersticiones del tipo "ser trece en la mesa conlleva una desgracia" representa otro tipo de ejemplo de implicación.

13 → desgracia

La estructura es de causalidad: causa → efecto: esto implica aquello. Con frecuencia, las causas a efectos son representativas de una creencia. Es el caso particular, dado que descansan sobre una o varias opiniones, experiencias o valores personales, y no sobre resultados objetivos sometidos a verificación. Es por ello que calificamos estos vínculos como arbitrarios.

El cerebro aprende la estructura y no el contenido

Desde el punto de vista del funcionamiento cognitivo, puede decirse que el cerebro, en esencia, retiene la estructura del pensamiento, la gramática de la experiencia. Con mucha frecuencia, los resultados precisos de una experiencia caen por completo en el olvido o son refundidos en el inconsciente, mientras la persona continúa funcionando con el esquema de pensamiento que quedó inscrito en su psique en esa determinada ocasión. Esos esquemas de base actúan en seguida, sobre un plano conciente, como los organizadores de la experiencia. Son como moldes que dan una forma particular, definida con antelación, a las experiencias nuevas de la vida. O bien, como filtros ópticos que deforman, colorean o contrastan las percepciones, los pensamientos, los recuerdos, las emociones, los comportamientos, así como la calidad de los vínculos intersubjetivos.

Presentamos aquí un ejemplo real, relatado en terapia, muchos años después del acontecimiento:

> Un niño de edad preescolar va a buscar a su madre, quien se encuentra con una vecina. En la escalinata, una niña, mayor que él, le dice, en tono agresivo: "¿Quién eres? ¿Qué haces allí? ¡Regresa a tu casa!". Este niño quedó fuertemente marcado, durante muchos años, en su relación con las niñas. Como consecuencia, las niñas se convirtieron, ante sus ojos, en personas peligrosas, amenazantes y hostiles. Para él implicaban una separación angustiante de su madre. En la adolescencia, el acercamiento con jovencitas era una fuente de angustia, de malestar, de torpeza. En este ejemplo, donde "las niñas son peligrosas", hablar con ellas genera estrés y vergüenza.

No es el contenido (esa niña, hace años, ese día, en la escalinata) lo que es importante, sino la estructura de pensamiento que se derivó de esa experiencia:

Niña = amenaza, o niña → problema, o incluso:

Niña = inseguridad, angustia de separación

Esta estructura puede llevarse a términos de escenarios: "una niña amenaza a un niño" o "un niño amenazado por una niña". Estos elementos constituyen una especie de escenario fantasmal organizado alrededor de la angustia de la separación, donde los personajes reales tienen poca importancia y son intercambiables. Los términos del escenario interno (niño, niña, acto de amenaza) son contenidos de pensamiento, de formas listas para usarse las cuales, en el futuro, quieren hallar alojamiento en diferentes objetos encontrados en el mundo externo (contenidos), por poco que puedan asociarse con los primeros objetos por cualquier relación de similitud.

De la ley a la superstición

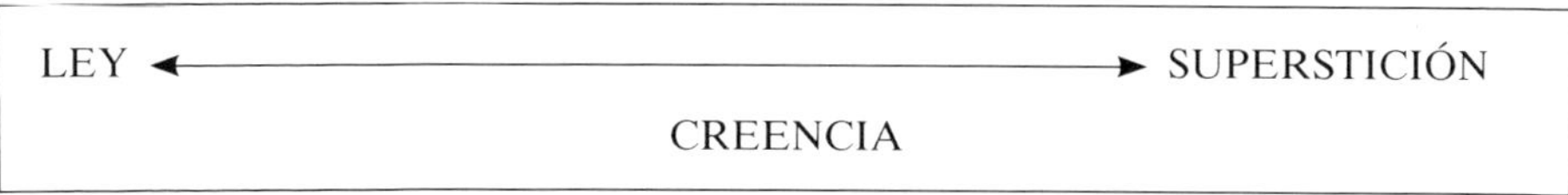

Es necesario precisar aquí tres términos: ley, superstición y creencia.

La ley se presenta como una verdad, un absoluto, un hecho científico probado e innegable. Por ejemplo, "la madera se quema", "un objeto que se suelta cae al suelo", "el agua pura se congela a cero grados e inicia su ebullición a cien grados, en la presión atmosférica de un bar". Éstas constituyen leyes físicas, químicas, y otras buscan leyes biológicas o psicológicas del ser vivo. Una ley no tiene excepciones y prevalecen sus condiciones de validez (el contexto en el cual la ley es exacta, así como las características necesarias y/o suficientes de los objetos).

En el otro extremo, la superstición tiene, para el sujeto o para un grupo determinado, valor de ley y dicta su conducta. "No hay que pasar debajo de una escalera, pues es de mala suerte"; "no hay que tocar a un muerto, pues quien lo hace se vuelve impuro, queda contaminado por ese contacto", etcétera. A pesar de que una persona tenga esta superstición, se da cuenta por completo de que no se trata de una ley, sino de que es una creencia limitante que puede ser personal, familiar o, incluso, cultural. El diccionario de la lengua francesa precisa que una superstición es una creencia que habla de "la manifestación de fuerzas misteriosas relacionadas con los actos, los objetos o los fenómenos". Las supersticiones son creencias que descansan sobre un vínculo de implicación entre un acto o un pensamiento y un efecto considerado como una manifestación de fuerzas paranormales, sin que sea necesario llevarlos a un orden sobrenatural. La superstición tiene un aspecto mágico. Si uno no practica tal o cual cosa, o si, por lo contrario, la practica, se sufrirán consecuencias. La superstición establece un vínculo, en la mayoría de los casos, entre un comportamiento, una actitud presente y un efecto futuro, positivo o negativo. Vista de esta manera, la superstición ejerce una función de reaseguro. Participa en la construcción de una ilusión eficaz de controlar el curso de los acontecimientos. ¡Cuántas personas que no creen en la astrología, leen su horóscopo con regularidad...!

La superstición debe incluirse en el campo de las creencias.

Más allá de su aspecto risible o grotesco, un análisis de las supersticiones puede ocasionar la aparición de cierto número de funciones psicológicas con las que éstas están relacionadas. Puede pensarse que las supersticiones expresan, de manera simbólica, metafórica e imaginativa, prohibiciones que exigen el respeto de cierto orden de cosas, de principios fundamentales necesarios para el equilibrio personal y social. Es el caso, por ejemplo, de la necesidad de respetar los límites, de la no confusión entre terrenos que deben permanecer separados: adentro/afuera, la vida/la muerte, lo sagrado/lo profano, la diferencia entre generaciones y la prohibición del incesto, la prohibición del homicidio. Su aspecto mágico lleva, con mucha frecuencia, las huellas de creencias religiosas ancestrales que se perdieron con el transcurso del tiempo, pero que aún son eficaces en aquello que sus avatares supersticiosos simbolizan en la vida psíquica. Esas creencias tan particulares ejercen, sin embargo, bajo una forma metafórica e imaginativa, una función psíquica y social de regulación de afectos y de movimientos impulsivos.

En cierta forma, puede decirse que la creencia es una superstición inconsciente que para algunas personas tiene el valor de una ley.

"Si estoy mal vestida, no van a quererme." Esta idea es vivida por la mujer que detenta esta creencia limitante como una verdad, una ley, mientras para el observador exterior no es más que una creencia, una regla de vida personal, arbitraria y poco segura.

Ilustraciones:

En ciertas culturas no hay que llevar el pan sobre la espalda ni comer carne los viernes. Para algunos países, el negro es el color del duelo, mientras que para otros lo es el color blanco. Es un signo de buena educación y respeto, en el Oriente Medio, rehusar tres veces la comida que nos ofrecen... después de que el acto de rehusar se convierte en símbolo de ruptura o puede, de igual manera, ser vivido como una afrenta...

En algunas familias, la decencia significa que durante la comida se coloquen las manos sobre la mesa, pero en otras partes hay que colocarlas abajo.

Y numerosos individuos crean rituales personales para darse suerte, antes de un viaje, por ejemplo, o antes de un enfrentamiento deportivo importante. Se inventan oraciones, gestos, se besan en la frente, no comen alguna cosa o, por lo contrario, se obligan a comer determinado alimento. Un sacerdote dominicano intelectual que ejercía importantes funciones, no enviaba su correspondencia en otro día que no fuera miércoles, día que, de acuerdo con la liturgia, es consagrado a San José, bajo cuyo mandato y guía él se colocaba.

En ocasiones, resulta difícil establecer la diferencia entre una superstición y una ley. Las personas que pertenecen a una secta, por ejemplo, o a algunas co rrientes espirituales, aceptan supersticiones como leyes; es decir, confunden los registros entre lo real y lo imaginario.

Sin embargo, la confusión entre la ley y la creencia no escapa al campo de la investigación científica: médicos, químicos, físicos, entre otros, en ocasiones to man como una ley lo que después será caduco. Era entonces una creencia, una representación del mundo y de su funcionamiento, pero donde se percibe ya la función organizadora.

Aquí hay unos ejemplos de creencias del tipo causa → efecto, recolectadas en el terreno médico:

- Extraído de una prestigiada revista médica llamada *Aristóteles, ciencia y medicina*, un artículo, firmado por un muy honorable doctor C. Pfeiffer, señala que "todos los tumores, cancerosos o no cancerosos, benignos o malignos, son, en el hombre, debidos a la sífilis. La célula cancerosa es una producción sifilítica. Los pueblos que no presentan sífilis o la padecen en bajos niveles, no tienen personas que sufren cáncer, o, si las hay, son pocas".

> Sífilis → cáncer

El artículo data, y no es en lo más mínimo sorprendente, de septiembre de 1929...

- Otro ejemplo: El *Ananxyl*, un medicamento ansiolítico, se lanzó al mercado en octubre de 1991 y fue elegido como el mejor medicamento del año en 1992. ¡La misma molécula fue retirada del mercado por su toxicidad comprobada o potencial (riesgos hepáticos) en 1993!

> *Ananxyl* → curación
> *Ananxyl* → toxicidad hepática

- La doctora Judith Sallin afirmó que la quimioterapia expone a riesgo de leucemia. Esta afirmación aparece en un artículo publicado en la revista *Impacto médico cotidiano*, en junio de 1992. En la misma revista, el doctor Michel Doué afirma que la radioterapia multiplica por siete el riesgo de cáncer reincidente.

> Quimioterapia → leucemia
> Radioterapia → cáncer reincidente

- ¡En esta ocasión, es en la revista *Panorama del médico*, en 1996, que el doctor Richard demuestra que el tratamiento para la enfermedad de Hodgkin arriesga al paciente a cáncer de seno...!

> Tratamiento de la enfermedad de Hodgkin → cáncer de seno

- ¡Que viva el examen médico!… ¿Qué decir de ese vasto estudio canadiense realizado entre noventa mil mujeres, el cual parecía indicar que una mastografía anual antes de haber cumplido cincuenta años expone a un riesgo más elevado de morir de ese tipo de cáncer…?

> Mastografía → riesgo de muerte

- El profesor Arvis escribió que "cerca de 80% de los octogenarios tiene cáncer prostático; que entre ellos, 10% va a desarrollar un cáncer activo y en el restante 90% el cáncer permanecerá pasivo". Punto de vista que fue reforzado por el doctor Blond: "un gran número de pacientes que tienen cáncer jamás experimentarán su enfermedad. Si les realizan un examen médico, los galenos irán por fuerza demasiado lejos y tratarán personas que es probable que habrían vivido mejor sin el tratamiento".

> No examen médico → mejor calidad de vida

- He aquí otro ejemplo de creencia procedente de un libro médico sobre la terapia con cortisona en tratamientos cortos.

  La enfermedad ulcerosa gastro-duodenal, para algunos médicos, es una contraindicación para la prescripción de cortisona, por lo cual el mencionado libro apunta: "contrario a una opinión extendida, no hay ningún argumento explicativo clínico que permita afirmar que los corticoides son los responsables de los efectos digestivos indeseables y, en particular, de úlceras gástricas o duodenales…".

> Terapia con cortisona → ningún impacto en el estómago

¿Qué puede deducirse de todo esto?

¿Qué es lo cierto? La existencia de estos artículos, sin duda. ¿Y si todas sus creencias son verdaderas, entonces, en qué se convierten las otras?

Conclusión: el saber, en los diferentes terrenos, no es producto de la verdad sino una construcción, en los sentidos procesales y dinámicos del término. Conservemos la modestia.

Capítulo 2

Estructura de las creencias

Las creencias son estructuras alrededor de valores

Una creencia, ya lo hemos dicho al inicio de estas páginas, es un vínculo arbitrario entre dos objetos.

Objeto-vínculo-objeto

Ahora debemos precisar de qué tipos de objetos se trata, para, a continuación, estudiar e interrogar el vínculo. Lo cierto es que la terapia no tendrá efecto sino sobre ese vínculo, para cuestionarlo, pero respetará siempre los objetos. Todo valor es, en sí mismo, laudable: es el vínculo el que creará, o no, un límite o una obligación.

Estos objetos son de dos tipos: las equivalencias concretas y los valores.

Valores/equivalencias concretas-(vínculo)-valores/equivalencias concretas

Las equivalencias concretas

El término de "equivalencias concretas", llamado también en ocasiones "equivalencias complejas", indica el objeto tangible, concreto, identificable, que sirve de indicador personal para la satisfacción o no de un valor (es abstracto, invisible).

Por ejemplo, en una creencia enunciada como "amarse es dar todo lo que se posee, sus libros, su casa, su automóvil", el hecho de compartir los libros, el automóvil o la casa es el equivalente concreto del valor "amor". Es un signo concreto, una manifestación tangible y objetiva por la cual la persona que tiene esa creencia va a poder probar y verificar que su valor de amor está satisfecho.

Amar (valor abstracto) = dar todo (concretamente)

Otra persona, para quien el amor es también un valor fundamental, puede tener equivalencias concretas totalmente diferentes. Para esta mujer, el amor se comprueba de otra manera, por ejemplo, con el hecho de sentir que es escuchada: "Para sentirme amada, debo ser escuchada. Y eso, por quien sea". Su equivalencia del amor, su única manera de sentirse segura de ser amada y de constatar que su pareja la ama consiste en que el hombre tenga al menos un oído dispuesto, que esté atento y que, al ser capaz de repetir todo aquello que ella acaba de decir, pueda estar segura de haber sido escuchada…

Amar = escuchar concreto

Esto, bien entendido, puede implicar la formación de creencias distintas y de muchos conflictos relacionales que resultan ser, en realidad, conflictos de creencias.

Otro ejemplo: "El estado de nuestros automóviles representa lo que somos. Si están descuidados, significa que descuidamos nuestras vidas". En esta creencia, el estado del automóvil es la equivalencia concreta, el testigo de un criterio abstracto que es la cualidad de nuestra relación con nosotros mismos.

Automóvil (equivalencia concreta) = identidad (valor)

Los valores

Los valores son como los huesos de nuestro esqueleto. Nos estructuran, nos permiten mantenernos erguidos y son los puntos de amarre de los equivalentes musculares que son nuestros movimientos y nuestros proyectos. Se asocian entre ellos para formar unidades funcionales: "los territorios de creencias", el esqueleto de nuestro ser.

Comparables con los huesos, los valores nos sobreviven. Es con ellos con lo que el mundo nos recordará después de nuestra muerte. Es todo lo que queda en los cementerios, lo que queda también de los dinosaurios…

Una creencia se organiza alrededor de uno o de varios valores. Cuando una creencia implica una emoción negativa importante, puede establecerse la hipótesis de que está relacionada con un valor fundamental para la persona. Las creencias verdaderamente limitantes, aquellas que generan mucho malestar o angustia, están siempre asociadas con un valor elevado: supervivencia, existencia, amor, seguridad, por sólo mencionar algunos. Lo que es limitante para el ser humano, origen de emociones agradables o desagradables, quizá no sea tanto la creencia en sí misma sino el grado de importancia de los valores que lleva implícitos.

Si yo tengo la creencia de que el bacilo del cólera provoca siempre la enfermedad, no tengo por fuerza ninguna emoción en particular, pues no me siento implicado. Sin embargo, si me sintiera personalmente implicado (porque yo o una persona cercana a mí fuera portador del bacilo) y si tengo como valor la seguridad o la salud, podría llegar a sentirme muy mal.

La importancia de conocer los valores es fundamental. Detrás de cualquier queja o lamento se esconde una creencia relacionada con un valor que busca ser satisfecho.

Lista no exhaustiva de nuestros valores:

- *La vida*
- *El amor*
- *El reconocimiento*
- *La identidad*
- *La seguridad*
- *La libertad*
- *El respeto*
- *La relación*
- *La confianza*
- *La autenticidad*
- *La verdad*
- *La eficacia*
- *La competencia*
- *La comunicación*
- *La justicia*
- *La estética*
- *La felicidad*
- *El placer*
- *La paz*
- *La existencia*
- *La perfección*
- *La armonía*
- *La responsabilidad*
- *Compartir*
- *El servicio*
- *La disponibilidad*
- *El control*
- *La fuerza*
- *...*

Como hemos comprobado los valores, siempre son formulados de manera positiva.[1]

---

1. "El amor" y no "la ausencia de odio".

En nuestra opinión, siempre existe un criterio subjetivo subyacente, incluso en los que son más negativos en apariencia. Uno de los presupuestos básicos de la PNL sostiene que todos nuestros comportamientos, pensamientos y actitudes están sostenidos por un objetivo positivo, una "intención positiva". Esto se comprueba también en el campo de la patología o en los problemas del comportamiento.

Ejemplo:

> — ¡Yo le pego a todo el mundo para no aburrirme!
> — ¿Qué valor es satisfecho, señor X, en el momento cuando usted golpea?
> — La tranquilidad...
> — ¿Se puede estar tranquilo sin golpear a todo el mundo?
> — ¡Los demás, sí! Pero yo no.
> — ¿Por qué es importante la tranquilidad? ¿Qué es lo que la tranquilidad le permite obtener, más importante aún?
> — Ser yo mismo.
> — Y, ¿puede ser usted mismo si no hay tranquilidad?

En este ejemplo, resaltan en la secuencia dos valores, respetable cualquiera de éstos: la tranquilidad y ser uno mismo. La forma de satisfacerlos es lo de menos.

De la importancia de los valores y de los criterios

Las creencias son elaboradas a partir de valores personalizados (en ocasiones, criterios).

"Amor", "familia", "patria", son valores; "el amor que siento por mi padre", "la felicidad de mi marido y de mis hijos", son criterios.

En cada momento, de manera inconsciente, el ser humano busca satisfacer uno de sus valores. Este valor puede ser de diversa índole. Puede revelar simplemente el orden de la supervivencia, si estoy a punto de buscar alimento o de preparar mi comida. Asimismo, puede referirse a la comodidad, si quiero hacer una compra de ropa. También puede ser, en este último caso, del orden estético. Puedo hacer las cosas por interés personal, por autoestima o por seguridad. Supervivencia, comodidad, estética, interés personal, autoestima, son valores o criterios.

Sabemos bien que cualquier anuncio no vende un automóvil, sino más bien la satisfacción de un criterio. Un cliente pregunta si el automóvil gasta mucho combustible: en apariencia, su criterio es el de la economía financiera. Alguien más pregunta si ese automóvil está disponible en otra gama de colores en el interior (asientos, fundas) y exterior (carrocería): su criterio es estético. Un tercero, que tiene como criterio la seguridad, preguntará si el automóvil está bien reforzado, si cuenta con cinturones de seguridad, si sus frenos tienen sistema ABS, e incluso preguntará sobre la carrocería… Alguien más preguntará sobre la velocidad, el valor de recuperación… Para otra, las preguntas girarán alrededor de la comodidad interior, la música, lo silencioso del auto… Para alguien más, las preguntas se relacionarán con las dimensiones, el espacio interior, porque tiene una familia numerosa y el espacio es importante para él. Otro se interesará por los accesorios: su criterio es lúdico, es la curiosidad, el juego. Su automóvil es como un juguete… etcétera.

En la compra de un automóvil se pone en juego, de manera no directamente percibida por la conciencia, la satisfacción de un criterio. También sucede lo mismo, por ejemplo, cuando organizamos las próximas vacaciones: se escoge el punto de destino en función de criterios específicos, entre los cuales pueden identificarse el placer, la cultura, la vida social o, por el contrario, la soledad, la calma… Del mismo modo, cuando una persona se relaciona en forma amistosa con otro individuo, se intenta saber, a un nivel inconsciente, si ambos comparten un mínimo de criterios. Si para mí el placer es el más importante de los criterios y si hallo una persona para quien el placer es algo superfluo y que tiene como criterio principal el rigor, el perfeccionismo o la seriedad, es poco probable que tengamos deseos de ir juntos de vacaciones.

Cuando vamos a hacer las compras a un supermercado, ¿satisfaremos un criterio económico, de sabor o de rapidez? En cada momento, nuestro inconsciente, como lo haga y como decida, busca satisfacer un criterio. Incluso cuando no hacemos nada, satisfacemos un criterio, por ejemplo, de tranquilidad, de placer o de relajación.

• • •

Nuestro inconsciente no conoce en absoluto el descanso. Es un volcán en actividad permanente; observa y verifica si nuestros criterios son satisfechos o no. ¿Estamos en una situación segura? ¿Nos sentimos útiles, amados...? Nuestro criterio de amistad, de estima, de reconocimiento, etcétera..., ¿ha sido satisfecho? Si no es el caso, ¿qué tenemos que hacer distinto o nuevo, para que sea satisfecho? En ese momento ponemos en juego una acción, una operación, porque, si ese criterio no es satisfecho, nacerá en nosotros una emoción desagradable, como la angustia, la frustración, la tristeza, la cólera, el miedo...; o bien, si el criterio queda satisfecho, la emoción será congruente con las características del criterio implicado; por ejemplo, puede ser la calma, la paz, la alegría, el placer, el gozo, el júbilo, el éxtasis, etcétera.

La jerarquía de los valores

No otorgamos la misma importancia a los diferentes valores que albergamos. Nuestros valores y criterios son jerarquizados, aunque algunos tengan la misma relevancia. Es, de esta manera, como podemos hacer frente a conflictos de valores que se expresan por medio de un dilema, una elección difícil, una duda, una doble obligación, un conflicto, un camino alternativo...

Ejemplo:

> Cuento con una hora de libertad frente a mí: ¿Cómo voy a utilizarla? ¿Para mí o para los demás? Tomo la decisión de emplearla para mí mismo.
>
> ¿Me daré un baño o continuaré haciendo un trabajo que aún no he terminado? Me decido por la segunda opción: trabajar.

Valor: "trabajo" es superior al valor "placer"

En ese contexto particular y en ese preciso momento de mi historia, el trabajo es más importante que el placer y yo me considero más importante que los demás.

Esta jerarquía de criterios, bien entendida, debe tomarse siempre en forma contextualizada. No está grabada en mármol. De acuerdo con las situaciones en que nosotros nos encontremos, se movilizarán diversas jerarquías de criterios.

En un contexto profesional, es posible que lo que cuente más sea el servicio, el bienestar del otro; por ejemplo, para personas que ejercen una profesión humanitaria, social, sanitaria o, por qué no, en el turismo… Para otras personas, por ejemplo, los patrones que no quieren ser molestados por sus subalternos, un criterio dominante puede ser la comodidad personal… Pero estas mismas personas pueden tener una jerarquía de criterios inversa en su vida privada.

De igual modo, tal jerarquía evoluciona en función de nuestras experiencias, de nuestros conflictos y, según los estados de desarrollo, de las etapas de nuestra vida.

Evolución de los criterios, de los valores y de las necesidades psicológicas

- En términos psicológicos, el recién nacido tiene la necesidad de satisfacer su supervivencia, su seguridad. El contacto es un criterio esencial.
- Hacia los dos años y medio de edad, ese criterio se vuelve menos dominante. El niño experimenta la necesidad de oponerse, de distinguirse para poder individualizarse.
- Aparece en seguida la necesidad de socializar…
- A los 15 años, la seducción…
- A los 25, los criterios social, profesional, financiero y de independencia…
- A los 40 años, una cierta estabilidad, una tranquilidad en la vida, una base…
- Y a los 60, para algunas personas, los criterios de filosofía, de sabiduría, de espiritualidad.

Una manera para encontrar qué valor busca el señor X es preguntarle: "¿Qué necesitas?". La necesidad fisiológica nos guía hacia un valor conceptual.

Creencias, biología y enfermedad

El niño busca satisfacer sus necesidades; por ejemplo, la necesidad de ser reconocido por su padre. Si esa necesidad no es satisfecha, se siente mal. Puede sentirse en peligro. En la naturaleza, cuando un león no reconoce a los pequeños leones como suyos, los mata. No acepta más que a los suyos y reserva para sí y para su descendencia la caza en su territorio.

El estudio genético de colonias de pájaros ha permitido demostrar que algunas hembras eligen copular con un macho, el cual va a sentirse el padre de los huevecillos y tomará a los pajaritos como suyos, pero que en realidad son producto de la cópula anterior con otro macho, aquél que la hembra eligió en secreto y con el cual, a escondidas, copuló.

Una de las explicaciones de la hiperactividad sexual de los monos bonobos es la siguiente: las hembras, al aceptar en cualquier momento y a toda hora ser montadas por cualquier macho, obligan a éstos a ignorar de qué crías son padres, lo que, por consecuencia, les impide atender la vida de los pequeños. Situación totalmente diferente a la de sus vecinos y primos, los chimpancés, los cuales, como los leones, pueden matar a las crías de una hembra para poder montarla y convertirse en el progenitor de los pequeños que nacerán de esa cópula.

Desde un punto de vista etiológico, ser reconocido por el padre constituye una necesidad biológica de supervivencia. Esta necesidad encuentra su traducción psicológica en un valor: el reconocimiento. Desde el punto de vista de la biología, la traducción anatómica está en el recto. El hecho de dejar salir los excrementos significa: tengo un lugar, estoy en mi casa y lo expreso. Algunos psicoanalistas consideran el excremento como una moneda de cambio para el niño.

Este reconocimiento puede, como ya se ha ilustrado, estar ligado de manera muy estrecha con la seguridad. Ésta puede traducirse en términos físicos por los órganos de los sentidos; por ejemplo, los ojos (ver el peligro), los oídos (estar al acecho) y la laringe (llamar para pedir ayuda).

Nuestras necesidades evolucionan a través del tiempo de manera fisiológica y experimental...; también, en ocasiones, en forma patológica, porque cada vez que hay un *shock,* un conflicto, un traumatismo imprevisto, los criterios sufrirán reacomodos; es decir, una reorganización.

Cuando una persona es agredida de modo inesperado y con mucha violencia, puede imponerse un criterio de seguridad y dominar a los otros de manera totalmente novedosa, lo cual implica, por ejemplo, comportamientos de desconfianza, de replegarse, de agresividad o, incluso, de tendencias interpretativas. O bien, si un individuo se siente separado, hecho a un lado o abandonado, la escena principal podrá ser dominada por otro criterio, que será, por ejemplo, la relación, el vínculo, la búsqueda de contactos. Esta persona, en momentos de duda o de inseguridad, elegirá estar en grupo con otros, mientras la primera elegirá, por el contrario, estar aislada.

Esta jerarquía de criterios es muy importante porque nos hace actuar, nos hace elegir y produce satisfacciones o frustraciones.

Jerarquía de valores y pirámide de las necesidades

Hemos visto que jerarquizamos nuestros valores: algunos son fundamentales, otros son importantes y otros más son accesorios… Tal jerarquía es muy personal, depende de nuestra historia y de nuestra personalidad. Es contextualizada; es decir, que la importancia de los valores es cambiante en función del contexto y del medio ambiente.

Los valores, como acabamos de verlo, se relacionan con las necesidades; las cuales, de igual forma, están jerarquizadas.

De acuerdo con Maslow, la satisfacción de las necesidades fundamentales permite acceder a niveles superiores. Nuevas necesidades pueden, entonces, hacerse presentes, pues la seguridad básica, fundamental, ha quedado satisfecha. De acuerdo con Maslow, dichas necesidades aparecen en ciertos periodos de la vida y se mantienen a todo lo largo de la existencia. No son estadios.

Hay una estrecha correspondencia entre la importancia de un valor y su equivalente en la pirámide de necesidades.

— La base de la pirámide de las necesidades de Maslow está integrada por las necesidades fisiológicas primarias (alimentación, agua, aire, sueño, eliminación, etcétera). La supervivencia del individuo depende de la satisfacción de estas necesidades. Son las necesidades fundamentales de la primera infancia, de los cero a los dos años. Al ser satisfechas, permiten proseguir la evolución natural.

— Viene en seguida, de los tres a los cinco años de edad, la necesidad de seguridad. La capacidad de realizar proyectos aparece y se desarrolla, asociada con la evitación del dolor y el disgusto. La satisfacción de esta necesidad de seguridad permite la instalación y el mantenimiento de la autonomía. Su no satisfacción implica actitudes de regresión psicomotriz.

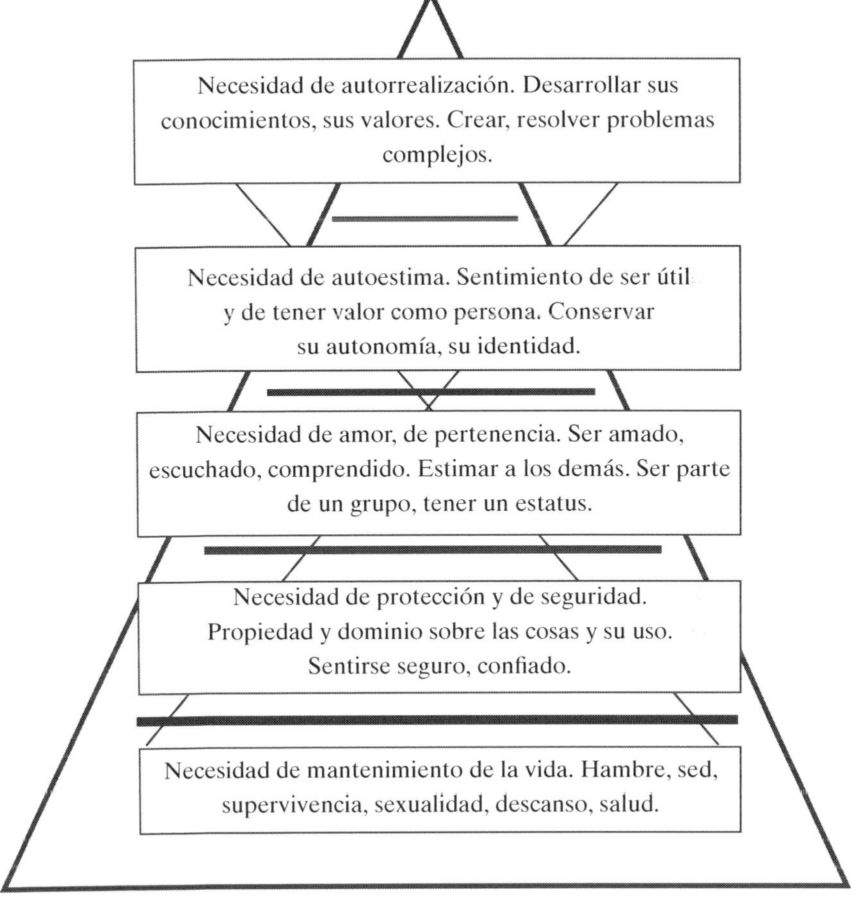

Pirámide de las necesidades de Maslow

— Entre los cinco y los diez años de edad: necesidad de pertenencia y de amor. Se trata de la necesidad de pertenecer (pertenencia a una familia, a un clan, a un grupo de semejantes...), de sentirse amado y aceptado. La satisfacción de esta necesidad es la base o fundamento de la socialización futura del adulto.

— Pubertad y adolescencia: periodo de la vida determinado por la necesidad de autoestima y del respeto de los otros (ser valorado, sentirse reconocido en sus gustos, sus elecciones, sus orientaciones; tener una función y actividades autónomas).

— Adulto: autorrealización, necesidad de plenitud personal, de creatividad y de desplegar y desarrollar todo el potencial. Lo que podríamos llamar "actualización", ser uno mismo a través de sus actividades.

Edad	Necesidad	Descripción
0-2 años	Supervivencia	Necesidades fisiológicas (aire, agua, alimentos, eliminación, etcétera)
3-5 años	Supervivencia + Seguridad +	Inicio de la capacidad de realizar proyectos, basada en evitar el dolor
5-10 años	Supervivencia + Seguridad + Sentido de pertenencia y amor	Deseo de pertenecer y de ser aceptado: fundamento de la socialización adulta
Adolescencia	Supervivencia + Seguridad + Sentido de pertenencia y amor + Autoestima	Necesidad de autoestima y de respeto de los demás
Etapa adulta	Supervivencia + Seguridad + Sentido de pertenencia y amor + Autoestima + Autorrealización	Necesidad de plenitud personal, de creatividad y desarrollar todo el potencial

Jerarquía de las necesidades de Maslow

Ser el objeto de su creencia

La creencia es tanto más dramática, o patógena, cuanto más se vincula con valores fuertes, como la supervivencia o la seguridad. Es lo que, en muchos casos, explica un acto enfermizo, emocional, relacionado con el comportamiento o es productor de neurosis. Son los criterios supremos los que están relacionados o implicados.

La mayor parte del tiempo esos mecanismos no son conscientes. La gestión terapéutica buscará entender cuáles son los valores que están implicados y a cuáles otros valores están asociados (redes), y después, intentará ayudar al paciente a que se dé cuenta de que puede cambiar sus creencias, la jerarquía de las mismas y sus asociaciones.

• • •

Todo sucede como si tuviéramos una meta-creencia de acuerdo con la cual "todo lo que creo es verdad", sin darnos cuenta de que cada uno de nosotros construye su mundo, su propia representación del mundo. Esta meta-creencia consiste en considerar que el mundo que nosotros nos construimos es el mundo real. Es una perogrullada que la mayoría de la gente no cuestiona y que es encerrada, esclerotizante en una inercia, una inmovilidad, un no desarrollo personal, una resistencia al cambio y, además, con frecuencia, una intolerancia hacia aquellos que no comparten las mismas representaciones.

Muchas personas no establecen el vínculo entre sus creencias y las consecuencias que éstas entrañan. Piensan que son desgraciadas porque el mundo es malvado, aunque en realidad, lo son porque creen que el mundo debe ser gentil. Su desgracia no es consecuencia del mundo, sino de sus creencias, de su ilusión, de sus expectativas.

Los vínculos

"Un péndulo detenido está a la hora dos veces cada día..."

Lo que pensamos, lo que creemos, es verdadero de tiempo en tiempo. Por ejemplo: "En ocasiones los hombres mienten". Creer que es "siempre" o "nunca" hace rígido el comportamiento. La opinión se convierte en una creencia limitante o apremiante.

Los cuantificadores universales

La dinámica de la creencia es tender a lo universal y a la sobregeneralización. En las creencias están incluidos —de manera implícita o explícita— los conceptos siempre, jamás, todo el mundo...; lo que en PNL llamamos los "cuantificadores universales". "Entre quienes están en contacto con el bacilo del cólera, algunas personas, en ocasiones, desarrollan los síntomas del cólera"; ya no se trata de una creencia en el sentido en que hemos hablado aquí, ya que existen restricciones expresadas por los términos "en ocasiones", "se puede", "algunas personas...". Por el contrario, una creencia afirmaría que "todas las personas, sin importar la época o el lugar, desarrollan siempre los síntomas del cólera cuando entran en contacto con el bacilo del cólera".

En la escucha y el acompañamiento estamos atentos a la presencia de los cuantificadores universales, pues se trata de identificar los propósitos explícitos o los conceptos que se ubican bajo el discurso de los pacientes. Estos cuantificadores indican que la creencia no contiene excepciones.

Ejemplos de generalizaciones:

– **Siempre**
– **Jamás**
– **Por todos lados**
– **En ninguna parte**
– **Todo el mundo**
– **Nadie**
– **Todo el tiempo**
– **En todo lugar**
– • • •

Se les encuentra, de manera implícita, en algunas expresiones imperativas.

Una paciente comentaba: "Nuestros actos nos comprometen". En esta expresión, a la que esta mujer parecía estar muy apegada, subyacía este discurso: "todos nuestros actos nos comprometen siempre, plenamente, y esto es válido para todo el mundo".

Por su parte, el terapeuta trata de verificar esta expresión o su universalidad al preguntar y reformular sobre el cuantificador: "¿realmente todos nuestros actos?", "¿realmente siempre?", "¿todo el mundo?", "¿todo el tiempo?".

Este tipo de intervención permite la aparición de excepciones; dicho de otra forma, situaciones en las cuales nuestra creencia es cuestionada y puede ser suavizada: "¿Verdaderamente todos nuestros actos, o podemos imaginar que existen actos que pueden no comprometernos?". "¿Acaso existen personas que puedan no estar comprometidas por sus actos?", o "¿acaso hay momentos en nuestra vida, por ejemplo, en la infancia, cuando los actos no nos comprometan por completo?", o "¿quizás existan algunas personas que puedan considerarse excepciones, como los enfermos mentales o las personas que están bajo los efectos de sustancias tóxicas?".

Esta estrategia permite buscar contraejemplos que sean aceptables para el sujeto. Si la persona no halla ningún contraejemplo y confirma la universalidad de la formulación, en ese momento preciso nos encontramos frente a una creencia muy solidificada, rígida. Veremos más adelante las posibilidades y el interés que tiene el sujeto para desestabilizar o suavizar sus creencias.

Hemos visto hasta qué punto los efectos de una creencia rígida pueden ser dictatoriales, exclusivos, exigentes hacia la conducta y el pensamiento.

Una paciente, en el transcurso de su terapia, expresa esta creencia:

"Es necesario comprometerse con la sociedad". El terapeuta puede preguntar:

— "¿Cómo lo sabe usted?", "¿quién dijo esto?", "¿de la voz de quién hace eco esta aseveración?", "comprometerse, ¿en qué reside la importancia de ello?".

Esta clase de planeamientos generará respuestas de este tipo:

Es necesario comprometerse para ser amada y reconocida por los demás; si no me comprometo, no tengo un lugar en la sociedad.

— ¿Por qué es importante para usted poder tener un lugar destacado en la sociedad?

— Tener un lugar en la sociedad me permite tener un sentido en mi vida.

— ¿Es esencial tener un sentido en su vida?

— Uno no puede vivir sin ello.

Comprometerse → tener un lugar en la sociedad →
tener un sentido de vida → vivir

Características del vínculo

"Comprometerse permite tener un lugar" tiene una connotación implícita que indica que, sin compromiso, es absolutamente imposible hallar un lugar en la sociedad.

Comprometerse (siempre) → tener un lugar

Un modo sencillo de verificar si la creencia es limitante o no es comenzar a quebrantarla; cuestionarla en el sentido inverso de lo que esa creencia enuncia, por ejemplo, a través de una pregunta en el sentido inverso: "¿Es posible tener un lugar en la sociedad sin comprometerse?".

Si la persona responde "no", la relación entre los dos términos es, para esa persona, un vínculo intenso, exclusivo. Es un vínculo de soldadura que da lugar a una creencia cerrada con cerrojo.

Si la persona estima que "sí, puede tenerse un lugar en la sociedad, sin comprometerse", ya no estamos entonces en presencia de una creencia limitante muy apremiante.

Se puede continuar con el cuestionamiento hasta identificar con precisión la extensión del territorio de la creencia; es decir, sus objetos y sus vínculos.

— ¿Se puede vivir sin tener un sentido?

— Sí.

— ¿Puede tenerse un sentido de vida sin tener un lugar en la sociedad?

— No.

— ¿Puede tenerse un lugar, sin comprometerse?

— No.

Como consecuencia, el territorio es el siguiente:

Comprometerse → tener un lugar en la sociedad → tener un sentido en su vida

Uno de los efectos de este pensamiento será: "si no puedo comprometerme, no tendré jamás un sentido en mi vida, pero eso no me impedirá vivir"; entonces, la creencia es menos limitante, su extensión es menos trascendente y la emoción es menos penosa que en el ejemplo precedente.

Si a la pregunta: "¿Puede tenerse un sentido de vida si no se tiene un lugar en la sociedad?", la persona responde de manera positiva ("sí, mi vida puede tener sentido aunque yo no tenga un lugar en la sociedad"), no se trata de una creencia limitante, pero, si la persona estima lo contrario: "No, es necesario tener un lugar en la sociedad para que mi vida tenga un sentido", "no puedo tener un sentido en mi vida si no tengo un lugar en la sociedad", un elemento está soldado, ligado al otro, y es un vínculo de exclusividad. No hay otro desenlace; allí se trata con claridad de una creencia que puede ser limitante en extremo, ya que fija una condición *sine qua non* a la realización de un escenario de vida.

Un estudiante, muy agobiado por la proximidad de sus exámenes de fin de año, expresa: "Es necesario que obtenga un diploma para ser competente; es necesario que tenga una competencia para lograr un trabajo, para tener dinero, para mantener una familia, para ser feliz...".

— ¿Se puede ser feliz sin tener familia?

— No, no se es feliz si no se tiene una familia (condición *sine qua non*).

— ¿Puede tenerse una familia sin contar con dinero?

— No, si no se cuenta con dinero, no puede uno casarse, no se tienen hijos; es necesario tener dinero para tener una familia.

— ¿Se puede tener dinero sin trabajar?

— Sí, claro, puedes robarlo, ganarlo en la lotería, recibir una herencia... Después de todo, mi abuela es muy rica, soy su único nieto... a fin de cuentas, ¡no tengo necesidad de trabajar para tener dinero!".

En ese preciso momento, el estudiante tomó conciencia de que no tiene una necesidad vital de obtener ese diploma y, de esta manera, ya no se sintió tan agobiado.

Cuando un elemento de la secuencia queda suelto, abierto, el vínculo ya no es de obligación o de exclusividad y ello abre la opción a otras numerosas elecciones posibles.

Este tipo de cuestionamiento permite, por tanto, descubrir el territorio, precisar su extensión (cuáles son los terrenos y los valores implicados), verificar los lazos, la calidad y la soldadura de éstos entre las proposiciones y, en ocasiones, abrirse a otras posibilidades, a otras elecciones. La creencia es limitante cuando es apremiante. No hay elección, se pierde la libertad. No puede hacerse otra cosa que complacer o lograr el examen, etcétera.

Asimismo, podemos interrogarnos sobre las motivaciones de algunos de nuestros actos y no estar engañados de nuestros compromisos... La parte molesta resultante de la presión ejercida por nuestros territorios de creencias es de tal naturaleza que hace relativa la pretendida pureza, el desinterés anunciado de nuestras intenciones o de nuestra muy caritativa devoción... En realidad, muchas personas devotas y caritativas no pueden simplemente hacer otra cosa que adoptar estos tipos de comportamiento porque sus creencias las obligan a ello, bajo el riesgo de una culpabilidad insoportable o de un deterioro intolerable de su propia imagen. El narcisismo no puede estar más alejado de ciertos compromisos... Es por eso que a nosotros nos corresponde descubrir que las creencias que nos animan, en el caso, por ejemplo, de un trabajo sobre sí mismo o de una terapia, pueden revelarse desestabilizadoras en extremo y exponernos a perder algunas ilusiones reconfortantes.

Descubrir el territorio completo de la creencia

La creencia no se manifiesta jamás de manera total en el discurso.

Algunos elementos, cuando aparecen en el discurso, pueden colocarnos en la pista de una creencia pues manifiestan una rigidez en el pensamiento y, cuando son descubiertos, usted puede suponer que una creencia no está demasiado lejos. Es el caso de los operadores modales y de la lectura del pensamiento.

Operadores modales

La PNL define como operadores modales a las formas verbales colocadas delante del verbo principal y que dan una inflexión al sentido (irse-es necesario irse). Son también una fuente de información importante sobre la manera como la persona los toma para motivarse, actuar o decidir. Son indicadores de nuestra posición y del poder personal que nos damos en relación con nosotros mismos, con los demás y con el medio ambiente: autonomía/obediencia, libertad/conformidad, referencia interna/externa...

Tomemos el ejemplo del verbo "ir":

Yo quiero ir	El operador modal "querer" indica la voluntad personal en referencia interna.	Operador modal de deseo	Futuro
Tengo ganas de ir	Estado interno positivo, entusiasmo, el motor de la acción está situado al nivel del placer.	Operador modal de deseo	Futuro
Debo ir	El deber; referencia externa.	Operador modal de obligación	Pasado
Puedo ir	La capacidad, el poder personal que uno se reconoce; referencia interna.	Operador modal de obligación	Presente
Es necesario que vaya	La necesidad, la obediencia a las reglas o limitantes a las que el locutor se somete; referencia externa.	Operador modal de obligación	Pasado -futuro

(*continúa*)

(*continuación*)

Debería ir Sería necesario que fuera	El empleo del condicional también es un indicador del grado de implicación del locutor y, con mucha frecuencia, de un desfase, incluso de un conflicto entre las referencias internas y externas. Puede indicar una intención de no hacer o de hacer a regañadientes o, incluso, de culpabilidad por no hacer.	Operador modal de obligación	Pasado-futuro

Los operadores modales, como "deber" o "tener que" se dirigen hacia el pasado. Indican una referencia externa; es decir, que viene de los demás.

Por el contrario, la persona que dice "tengo ganas", "quiero" se expresa en su nombre propio, en primera persona. Se dirige hacia el futuro y es una referencia interna: su comportamiento y sus elecciones tienen como guía lo que ella piensa o siente por sí misma.

La aparición en el discurso de un operador modal de obligación es indicador casi seguro de la presencia de una creencia activa. Hay tres categorías de operadores modales:

1. **Operador modal de deseo:**

   El futuro — lo positivo: "eso se me antoja"; "tengo ganas"; "deseo"; "quiero"; "me apetece"; "me gustaría"…

2. **Operador modal de capacidad:**

   El presente: "Puedo"; "soy capaz"

3. **Operador modal de obligación:**

   El pasado — lo negativo: "es necesario"; "debo"…

Podemos fácilmente entender la diferencia de motivación entre tres niños que dicen:

— *Tengo ganas de estudiar para tener un buen trabajo.*
— *Puedo estudiar para tener un buen trabajo.*
— *Debo estudiar para tener un buen trabajo.*

No todas las creencias contienen operadores modales, pero cuando se escucha en el discurso de una persona uno o varios operadores modales, podemos suponer la existencia de una creencia subyacente. Esta creencia no es explícita y con mucha frecuencia no es expresada con claridad.

Una joven mujer me decía, con sencillez: "prefiero estar sin hombre". No lo formulaba de manera explícita, porque ella todavía no tenía, en esa etapa de su vida, conciencia de que, en su creencia "todos los hombres son siempre decepcionantes. Es necesario que todas las mujeres desconfíen todo el tiempo de ellos".

La lectura del pensamiento

Cuando se dice "si el otro tiene tal actitud, significa que siente esto o que piensa aquello", esto vuelve a inferir, a partir del comportamiento observable de este otro, una deducción de lo que piensa o siente, eso que es invisible, no observable y no verificable.

Comportamiento observable: "No me dijo buenos días".

Sentimiento atribuido: "por tanto, no me quiere" o, incluso, "no me ama".

Este proceso de atribución, en realidad, nos habla mucho más de nosotros mismos que del otro. Son nuestros miedos, nuestros deseos y nuestros valores lo que expresamos de esa forma.

La lectura del pensamiento es una actitud muy común entre algunas personas, que se apresuran a sacar deducciones y verdades a partir de la observación de otra persona, sin verificar. Es un tipo de mala intuición que puede, sin embargo, tener efectos devastadores en las relaciones humanas. En ocasiones, también, es una intuición acertada. ¿Cómo saberlo? A través de recursos, en cuatro tiempos, científicos.

En contraposición a la lectura del pensamiento, las cuatro fases de una gestión científica, o simplemente racional, son los siguientes:

---

1. Observación,

2. hipótesis (suposición),

3. verificación,

4. conclusión (elaboración de un conocimiento).

Una persona que lee el pensamiento observa, supone y sabe, pero se olvida de verificar.

Las cuatro fases científicas:

Observar

→ Elaborar una hipótesis

→ Verificarla

→ Sacar una conclusión, una certeza

La lectura del pensamiento:

Observar

→ Hacer una hipótesis

→ Sacar una conclusión, una certeza

Ilustración

— Entro a la casa de manera imprevista.

— Observación: veo a mi esposa, tiene la frente arrugada y las cejas fruncidas.

— Hipótesis: supongo que está de mal humor porque regresé a una hora poco usual, sin haberle avisado.

— Verificación: le pregunto: "pareces contrariada, ¿será porque no regresé a casa a la hora habitual sin haberte avisado?". Ella me responde: "No, para nada, acabo de recibir malas noticias de mi hermana, estoy un poco preocupada...".

— Conclusión: Ahora, ya lo sé... mi hipótesis inicial estaba equivocada.

Es muy evidente que, si omito esta parte de la verificación, reacciono no al exterior (mi esposa y su inquietud por su hermana), sino al interior (mi creación mental, mis propias inquietudes, mis proyecciones).

Anécdota auténtica

Una pareja de franceses llega a Marruecos a una ciudad berebere. Conocen a un marroquí, que les presenta al jefe de la ciudad. Éste le tiende la mano al hombre para saludarlo y, cuando la mujer se acerca para saludarlo también, el jefe voltea la cabeza y los brazos. La mujer se siente insultada, humillada por ese comportamiento sexista y discriminatorio... Se siente muy mal y habla de salir de ese lugar de inmediato. El amigo marroquí les aconseja que hablen sobre ello con el jefe de la ciudad. La pareja se dirige a ver al jefe y la mujer le hace esta simple pregunta de verificación: "Cuando le tendí la mano, ¿por qué no me la estrechó como hizo usted con mi marido, y luego volteó los ojos?". El jefe de la ciudad le ofrece esta explicación: "En mi tradición, la mujer es pura y la mujer de otro hombre es aún más pura. Si le hubiera tocado la mano, ése hubiera sido un signo de que yo no la respeto y de que la deshonré. Y si hubiera puesto los ojos en usted, eso habría significado que la deseo".

Lo que resulta interesante en esta historia es que esta mujer verificó y, como consecuencia, rectificó sus suposiciones.

Otro aspecto relevante consiste en que ella pudo, en esta situación, encontrar el origen de su malestar, lo cual no sucede siempre.

La creencia tiene un impacto emocional. Ella se sentía mal y comprendió la razón. En el fondo, no era el comportamiento del jefe de la ciudad lo que la había hecho sentir mal, sino la interpretación del acontecimiento que ella había hecho.

Ella pudo haber continuado con su malestar y regresar a Francia con sentimientos negativos hacia Marruecos, con una interpretación de abuso (una inferencia arbitraria a partir de una circunstancia observada) y una sobregeneralización (de acuerdo con la cual, los bereberes son personas sexistas y muy desagradables) con pérdida de la experiencia de referencia. Al reencontrarse con esta experiencia, usted puede percibir con claridad en lo que consiste la lectura del pensamiento.

Metáfora humorística

Es posible que usted conozca la historia de ese hombre desafortunado quien, una noche, sufrió una avería en el neumático de su automóvil y que tenía todo lo necesario para reemplazar el neumático..., excepto el gato. Estaba a sólo algunos kilómetros de distancia de la ciudad pero era de noche y supuso, porque quiso, que el taller estaría cerrado. Imaginó que el dueño del taller estaría dormido y, al dirigirse a la ciudad, se dijo: "es una verdadera molestia, voy a despertar al dueño del taller. ¡Seguro que no estará contento…, no me cabe la menor duda de que me hará pagar muy caro… extremadamente caro…! Y ahora cuando no tengo nada para arreglar la avería, y además, no tengo mucho dinero…, qué mala suerte. En fin, bueno. Pero en realidad es desagradable que se aproveche de la situación, abusar de las personas débiles, con problemas. Es francamente escandaloso…". En este momento, nuestro hombre llega al pueblo y toca el timbre del dueño del taller, quien abre la ventana. Entonces, nuestro hombre comienza a insultarlo y le grita: "¡Ladrón infame, puedes guardarte tu gato!".

Esta historia ilustra con claridad la omisión de la verificación: ¿acaso es verdad que ese hombre es un ladrón?, ¿será cierto que habría abusado de la situación y le habría hecho pagar muy caro el préstamo del gato?, ¿no le habría ofrecido de antemano hacerle el servicio…? No lo sabemos y no lo sabremos jamás. Estamos en una hipótesis, una suposición transformada en certidumbre. Sería una creencia absurda pensar que todos los dueños de talleres que son despertados en la noche son unos ladrones que abusan de la debilidad de la gente.

La lectura del pensamiento es, entonces, un mecanismo por el cual, de manera inconsciente, atribuimos a los demás nuestros propios pensamientos y deducciones, nuestra propia lógica interna, nuestros valores, nuestros temores y, con mucha frecuencia, los comportamientos o las actitudes que nosotros habríamos tenido en una situación similar. Estamos en la proyección. Hay algo inconsciente al creer de verdad que es la otra persona quien tiene esos pensamientos, esos valores y esas actitudes. Es por completo inconsciente, automático y, por tanto, muy activo entre muchos individuos.

La lectura del pensamiento es muy frecuente y cotidiana. En muchas ocasiones está ligada con las creencias sociales y con las convenciones socioculturales.

La verificación no puede tener lugar. Se tiene una creencia según la cual hay que agradar a los demás, que la buena educación significa que se los invite a comer, que les hagamos obsequios, etcétera, y una norma social según la cual no debemos rehusar una invitación.

> *Al llegar con los demás, hay algunos que nos caen bien,*
> *y hay quienes nos caen mal.*
> *A quien nos cae bien, le decimos: "Me caes bien",*
> *y le ofrecemos bebidas y una silla para que se siente.*
> *A quien nos cae mal, nadie le dice nada.*
>
> J. Prévert

Cuando una persona dice: "es tarde, tengo que retirarme…", no se percibe como la expresión de una creencia sino, por el contrario, como algo normal que se da por hecho. La creencia esconde su naturaleza de creencia y el discurso no permite aparecer sino sólo una parte de la creencia, a través de un operador modal o incluso, en ocasiones, a través de una entonación o una inflexión vocal. "Ah, no, no, eso no puedo hacerlo", "es necesario que vaya", "debo ser gentil", "no debemos hacer sufrir…" Sí es evidente que cada una de esas frases está sostenida por una creencia, pero no sabemos, *a priori*, cuál es.

Ejemplo:

"Pero, es tarde, señor, tengo que regresar a mi casa."

Es tarde =

Voy a llegar tarde, o ella me espera;

a ella no le gusta esperar porque se aburre.

→ me necesita.

Cuando me espera = está triste por mi culpas.

→ para no sentirme culpable

Tengo que regresar.

El arte de la pregunta adecuada es muy importante, ya que a través de los cuantificadores universales y los operadores modales nos damos cuenta de que la creencia no se presenta por lo que es (una creencia personal), sino como una verdad que tiene la fuerza de una ley. El que pregunta llega por fin a hacer una contención a esa pretensión de universalidad al cuestionar esta evidencia. El que pregunta, perturba, molesta, desorganiza.

Es una desestabilización que no es neutra. En esa ocasión pueden aparecer angustia y malestares. Los cambios de señales, internos o externos, son, por naturaleza, desestabilizadores.

Así, muy a menudo, la creencia es, por completo o en gran parte, inconsciente. Las personas a quienes recibimos en consulta son, casi siempre, conscientes sólo de una parte de sus creencias: el síntoma consecuente, la emoción. En nuestra experiencia, jamás nos ha sucedido que toda la red de la creencia aparezca en forma espontánea en el discurso de los pacientes.

Tampoco hemos recibido nunca una paciente estéril que llegue y nos diga de golpe: "Tengo la creencia de que tener un hijo = peligro", o un hombre con un fracaso profesional, que sepa decirnos: "Trabajo = alejamiento de la familia

= ser un mal padre = ser peligroso". La persona es consciente de los extremos de la creencia, pero no forzosamente encuentra relación ni vinculo entre éstos. La terapia consistirá, entre otras cosas, precisamente en establecer los vínculos entre los elementos dispersos, que se presentan con apariencia aleatoria, inconexos, desarticulados. Al reconstruir el rompecabezas, aparece una figura significativa: la creencia.

Los extremos de la creencia que pueden emerger

1. Las equivalencias concretas

Ejemplo: ir a su trabajo, beber.

Algunas personas dicen mucho de sí mismas en su actuar, en el paso al acto. Se sienten impulsadas a hacer cosas por razones que ignoran. Pueden, por ejemplo, andar sin descanso, trabajar sin cesar, sin estar de ninguna manera conscientes de su criterio del deber o de la responsabilidad. Comentan que es necesario trabajar mucho para vivir, para mantener a sus niños, para que todo vaya bien… Pero están totalmente inconscientes de las razones que las impulsan. Saben lo que piensan pero no tienen la más remota idea de la razón por la cual piensan así; hay también personas que beben, gastan su dinero en el juego o hacen caminata de manera compulsiva, sin saber la razón por la cual para ellas es importante hacerlo, sin tener acceso al sentido de sus propios comportamientos. Simplemente no se lo preguntan. Los criterios no son mencionados. Si se les pregunta: "¿Por qué es importante trabajar?", responderán:

— *"¡Pues, porque es importante trabajar! ¡Es muy evidente!".*
— *Pero, ¿por qué?*
— *Para comer, comprar cosas, etcétera.*

Se quedan en un nivel muy descriptivo y operativo. Están en el acto, en el hacer, y muy poco en la interrogación sobre los móviles escondidos que sostienen sus actos. Están "al ras de las margaritas".

2. Los valores, los criterios

Ejemplo: el amor.

Característicamente, son personas que dicen:

— "El amor es lo único que cuenta"

— ¿Qué es lo que quiere usted decir en concreto?

— Que amor es igual a compartir.

— Pero, de manera precisa, en términos sensoriales, en concreto, ¿cómo sabe que su criterio de amor está satisfecho?

— Porque hay unión.

— ¿A qué se parece? ¿Qué puedo comprender u observar de modo tangible, que me demuestre que el amor está allí?, etcétera.

Podemos encontrar, además, personas, tan numerosas como las anteriores, que están, por decirlo de alguna manera, "pegadas al techo", "en las nubes". Platican de sus valores en forma abstracta, sin referirlos a implicaciones concretas, relacionadas con sus experiencias. Sus evocaciones no les permiten hacerse una representación sensorial, concreta, comprobable; ahora bien, el marqués de Sade y Martin Luther King no tienen necesariamente la misma representación concreta del amor...

3. La emoción y el comportamiento

La emoción y el comportamiento son indicadores equivalentes de la presencia de una creencia.

> La señorita J. ve a un hombre joven acercarse a ella y siente gran emoción, una incomodidad. Se siente mal, intimidada, incómoda, enrojece. Siente miedo, quiere esconderse, pero no lo hace, tiembla y está a punto del desvanecimiento. No expresa en forma verbal ningún extremo de la creencia. La presencia de esta fuerte emoción es lo que nos revela la existencia activa de una creencia, en este caso: "Desde el momento en que un joven se acerca a una jovencita, lo que quiere es acostarse con ella. Si lo hago, le provocaré una gran pena a mi padre y ya no me

querrá, y si ya no me quiere, voy a morir. Pero este joven me gusta, y el hecho de que se acerque a mí me halaga. Debo tener un comportamiento perfecto para que él se interese más en mí, pero en realidad ignoro qué comportamiento pueda gustarle y con el cual pueda seducirlo... Debo seducirlo para estar en su corazón. ¡No debo seducir para estar en el corazón de mi padre!"

De esta manera, en este ejemplo, los diversos elementos contenidos en el diálogo interno no pueden llegar sino a través de un cuestionamiento estricto a partir de la emoción, para que remonte a la conciencia el territorio completo de la creencia activa de esta jovencita, misma que le genera el malestar experimentado.

Reconocemos en el enunciado de este ejemplo la supervivencia, el reconocimiento y la seguridad, tres criterios importantes que generan estrés porque, cuando no se satisfacen, la persona se halla en peligro.

Se entiende por "cuestionamiento socrático" una interrogación a la persona en cuestión, no con el fin de inculcarle nuevos conocimientos, sino de propiciar la aparición de lo que ésta ya sabe, pero que no sabe que sabe; dicho de otra forma, un saber latente o implícito, ya presente, que la persona lleva en su interior sin advertirlo. Esto le permite establecer vínculos. De este modo, llamado también "mayéutico", Sócrates procedía con sus discípulos:

— hacerlos que saquen a la luz el saber implícito del cual son portadores.

El escenario de la vida es un conjunto de creencias

El territorio que recubre una creencia se inscribe en una red más grande de creencias entrelazadas. Para conocer esta red, en ocasiones es necesario proceder a un cuestionamiento preciso que parte del primer enunciado de la creencia.

Ilustración

"Para ser competente, hay que tener un diploma. Cuando se posee un diploma, se es competente." Esta creencia se basa, como lo hemos visto, en la construcción de un vínculo arbitrario entre dos objetos: uno, el diploma, el otro, ser competente. Se trata, en este ejemplo, de un vínculo de implicación.

Diploma (equivalencia concreta) → ser competente (valor)

Esta creencia puede ser, o no, una fuente de estrés para estudiantes que intentan obtener su diploma, según si la competencia es, o no, un valor fundamental; dicho de otra manera, de acuerdo con lo esté en juego en ésta y de acuerdo con el escenario de vida en el cual la competencia se inscriba.

En este ejemplo, se partirá del valor enunciado para intentar tener un panorama de la red de creencias: "¿Por qué es importante para usted sentirse competente?"; es posible que entonces se descubra que "la competencia permite lograr una seguridad profesional, misma que es equivalente a una seguridad financiera, lo cual permite fundar una familia, ser feliz; en resumen, vivir. Así de simple...".

Competencia → seguridad profesional = seguridad financiera
→ fundar una familia = la felicidad = la vida

• • •

Podemos darnos cuenta, en forma muy rápida, que cada uno de nosotros está como inmerso en la persecución. Lo que tomamos como una boya es, en ocasiones, el inicio de la tempestad, y cuando la soltamos nos damos cuenta de que estamos con el pie firme y de que el mar está calmado.

En ese momento aún es necesario cuestionarse cada elemento de la creencia para definir de modo completo ese territorio, la red en la cual se inserta la creencia.

Capítulo 3

Definición dinámica
de las creencias

Las creencias actúan como un filtro

Las creencias actúan como un filtro que orienta nuestra atención y limita nuestras percepciones de los estímulos que provienen del medio ambiente; de hecho, ejercen una selección de informaciones.

A cada momento recibimos una cantidad incalculable de estímulos que provienen tanto del medio ambiente exterior como de nuestro mundo interno (corporal y psicológico), lo cual desborda en gran medida nuestras capacidades neurocognitivas de procesamiento de la información. Por esta razón debemos seleccionar las informaciones, retener algunas y eliminar otras. Estos procesos ocurren de manera muy rápida y automática.

Las investigaciones realizadas por el psicólogo Bruner demuestran además que la percepción, por sí misma, en el primer momento del procesamiento de la información y que consiste en la percepción sensorial, realiza ya la tarea de la selección. Además, esta selección no sucede al azar, sino en función de las motivaciones. No sólo comprendemos, interpretamos o probamos las cosas de modo diferente, sino que, incluso en el plano sensorial perceptivo, no percibimos las mismas cosas. Veamos un ejemplo:

Siempre es interesante escuchar a diferentes personas que han participado en la misma experiencia, por ejemplo, que fueron al mismo lugar en sus vacaciones, que vieron la misma película o que participaron en un mismo curso de capacitación… Uno se pregunta, en ocasiones, si esas personas en efecto vieron la misma película o asistieron al mismo curso de capacitación, pues cada experiencia es distinta. Una de ellas dirá: "Me sentí muy bien, muy segura en ese grupo". La seguridad es un valor importante para esa persona, un valor que funcionó como filtro y como codificación. Puede establecerse la hipótesis de que esta persona lleva consigo la creencia que se relaciona con la peligrosidad del mundo. Otra persona, por el contrario, expresará: "Había mucho amor y buena voluntad en ese grupo". Esta persona focalizó su atención en las señales de reconocimiento, de amor y de rechazo. En el mundo, un individuo puede ser amado o rechazado, y eso es lo que a esa persona le interesa percibir.

Ejemplo:

> Una mujer tiene la creencia de que los hombres son mentirosos. Para ella, todos los hombres son mentirosos. Con una creencia como ésa, esta persona sólo encontrará hombres con esta característica u hombres que mienten en ocasiones, lo cual confirmará su creencia…; o bien, hallará un hombre que no miente, que no ha mentido nunca, lo cual reforzará su creencia, ya que la excepción confirma la regla…

La creencia nos hace retener las informaciones sobre la percepción de nosotros mismos y del medio ambiente, y también nos hace eliminar otras de éstas. Nos conducen a caer en el error lógico que los teóricos cognitivos llaman "abstracción selectiva"; es decir, que efectuamos una selección de informaciones a través de la abstracción de todas las demás, en particular de aquellas que van en contra de nuestros sistemas de creencias. Omitimos lo que nos perturba, lo que nos contradice o aquello que no entra en nuestros marcos de creencias.

Esta selección de la información no se realiza por azar ni por el efecto de la saturación de nuestras capacidades neurocognitivas de procesamiento de la información, sino que responde a todo un mundo de representaciones, de motivaciones, de intenciones, de valores y de deseos.

Una persona que sufre depresión enuncia cierto número de creencias negativas en relación consigo misma, así como con el mundo y con el futuro. Es la "tríada infernal"[1] descrita por A. Beck. Esta persona sólo retiene de la información aquello que refuerza sus creencias: por ejemplo, que ella es una persona que no vale, que los hombres son mentirosos, que es una mala madre, que el mundo es vacío, duro y hostil y que sus repetidos fracasos son claros signos de que ella no saldrá adelante jamás y de que el futuro está estancado para ella. Otras informaciones, aquellas que desmienten sus conclusiones, son apartadas de su campo de conciencia, o bien, deformadas y maltratadas; por ejemplo, al recurrir a una atribución externa: "Si superé esa prueba, es que el enunciado estaba muy fácil, yo sólo tuve la oportunidad…" o, más aún: "el profesor calificó alto…".

Las creencias actúan como un estabilizador

Las creencias actúan como estabilizadores. Suministran, por decirlo así, una guía o un modo de empleo que va a permitirnos dar sentido a nuestra vida y a nuestras experiencias, que va a establecer y a mantener una coherencia en el mundo que nos rodea y en nuestro mundo interno.

El hecho de eliminar informaciones nos permite reducir las divergencias y mantenernos en la ilusión de contar con una comprensión del mundo lo bastante sólida como para que podamos descansar en ésta con tranquilidad. Es un asunto de equilibrio, de estabilidad.

La misma joven mujer para quien todos los hombres son mentirosos, me decía: "Prefiero creer que todos los hombres son mentirosos; si no, yo no podría des-

---

confiar… Voy a ser confiada y, si un día encuentro a un hombre en quien confíe y él me miente, eso sería demasiado duro para mí. No podría soportarlo una vez más".

Podemos percibir, en este caso, el sentido y la utilidad que pretende ser vital de nuestras creencias, pero que, a la vez, las vuelve tan rígidas.

Las creencias actúan como una profecía

Las creencias son autovalidantes; es decir, se verifican a sí mismas y no están dispuestas a ponerse en duda. El objetivo de las creencias es probar lo que afirman, de acuerdo con el principio de la profecía autocumplida (*"Self-fulfilling prophecies"*) descrito por los teóricos de la escuela de Palo Alto.

La creencia actúa como una profecía. Veamos dos ejemplos:

- "Mira, Natalia, tu nuevo novio es simpático, pero, ¡un día va a mentirte! Escucha bien todo lo que te dice, verifica si es siempre impecable, justo y verdadero en cualquier circunstancia…, y ya hablaremos".

- Dos hombres están en un automóvil. Uno de ellos piensa que el mundo es receptivo; el otro, sin embargo, piensa que es peligroso. Un automóvil se abalanza hacia ellos y no se detiene sino hasta el último momento. El primero de ellos dice: "Esto comprueba lo que pienso, qué suerte que no tuvimos un accidente". El segundo piensa: "¿Te das cuenta cómo el mundo es peligroso?". Para ambos, el acontecimiento es el mismo, pero el sentido es diferente.

El autocumplimiento de las creencias asemeja a un principio descubierto hace ya mucho tiempo por el célebre señor Coué.

Como pionero, Emilio Coué, exploró los caminos del inconsciente y descubrió el poder de la sugestión y de lo que llamaba "la imaginación" (el subconsciente). Este poder, afirmaba, es mucho más fuerte que la voluntad (el consciente) y, cuando hay conflictos entre éstos, dice: "es siempre la imaginación la que lo lleva".

Coué enunció un principio fundamental del funcionamiento psíquico el cual consiste en que "todo pensamiento que generamos, tiende a convertirse en realidad". Aquí no se trata de pensamientos racionales o lógicos del sistema consciente, sino de pensamientos del inconsciente: creencias, representaciones, fantasmas.

En otros términos, si creemos que algo es difícil para nosotros, lo será en efecto; si creemos que estamos enfermos, lo estaremos, etcétera.

La imaginación funciona como un escudo que tiene la tendencia a reforzarse a sí mismo, de tal manera que hacemos una especie de reforzamiento de nuestras creencias al darles (con mucha frecuencia, en forma no consciente) la posibilidad de realizarse. Sólo es suficiente con cambiar de creencias para que las cosas a nuestro alrededor se modifiquen o nos parezcan distintas.

Como médico, Coué había ya señalado que el efecto de los medicamentos cambiaba de modo considerable al aplicarse a una enfermedad o a otra, y que la manera como él los preparaba y recomendaba su administración era un factor determinante en su eficacia.

Otra ley fundamental interviene en el proceso de curación por medio de la autosugestión: la que C. Baudoin, discípulo de Coué, llamó "la ley de finalidad subconsciente". El principio es simple: si el subconsciente (la imaginación) ha comprendido y aceptado la necesidad de un cambio, cualquiera que éste sea, va a poner en marcha los medios necesarios para alcanzarlo, ¡y hace uso de mucha… imaginación!

Si, por ejemplo, el subconsciente integra la sugestión de una curación física, pondrá en marcha los procesos orgánicos necesarios para lograr ese fin. Esta ley se comprueba en innumerables casos de curaciones reportadas por Coué.

Entonces, no es necesario que el sujeto comprenda a nivel consciente los detalles de lo que está por suceder, ya que el subconsciente lo sabe, hace su trabajo, moviliza su energía, etcétera.

> Una mujer estaba hemipléjica, producto de una congestión cerebral. Coué la sugestionó en el sentido de que, cuando todas sus lesiones estuvieran curadas, po

dría caminar de nuevo, sugestión que esta persona pudo integrar con facilidad, a pesar de que el accidente cerebral había tenido lugar desde hacía ya quince años y, de hecho, sus lesiones ya habían sanado; sin embargo, ella no lo sabía y creía siempre en la imposibilidad de caminar. De hecho, no podía caminar. Su curación fue instantánea. La rapidez de esta curación se debió, como ya sabemos, al hecho de que las lesiones ya habían sanado. En otros casos, sería necesario mucho más tiempo, aunque el proceso se aceleraría de manera considerable gracias a la integración de la autosugestión en el proceso de curación.

Las palabras "yo en verdad quisiera" llevan siempre implícito el mensaje "pero no puedo". Si usted sufre, no diga jamás "Voy a intentar hacer desaparecer eso", sino "Voy a hacer que eso desaparezca" porque, "cuando hay dudas, no hay resultados" (E.Coué).

La creencia es una idea que se es suficiente a sí misma y no soporta que la pongan en duda

La creencia existe sin noción de verificación o de validación. Es una idea suficiente en sí misma y excluye toda necesidad de verificación exterior. La adhesión personal interna es suficiente para su validación. Nosotros no buscamos la verificación y, si ésta se presenta, no nos interesa. La creencia no es lógica, racional o científica. Crea una separación entre la persona y la retroalimentación de la realidad. La persona no está ya en contacto con la retroalimentación, el regreso de información que es la realidad, sino con su propia percepción de su interpretación de la realidad.

Toda verificación de una creencia limitante es subjetiva: "Yo siento eso, por tanto, es verdad".

Metáfora

Los testigos de Jehová se instalaron en una ciudad de provincia. Solicitaron al ayuntamiento poder construir un lugar para su culto, una "sala del reino". El ayuntamiento aceptó, lo cual fue una prueba ante sus ojos de que Jehová estaba con ellos y los bendecía. En una localidad vecina, otros testigos de Jehová hicieron la misma solicitud al ayuntamiento del lugar donde querían instalarse, pero lo que lograron fue un rechazo. Eso probó ante sus ojos que Jehová estaba con ellos y los bendecía, ya que son perseguidos, como está dicho a propósito de los elegidos, en el libro del Apocalipsis...

Interpretamos los acontecimientos del mundo en función de lo que creemos, más que en función de elementos objetivos. El ser humano, así, es todo excepto un animal racional... Los valores, las creencias, las motivaciones, intervienen en la elaboración de nuestra comprensión del mundo. La percepción misma de lo real está sometida a la prioridad de la imaginación.

La creencia ocupa el lugar de la realidad

"Lo que preocupa al ser humano no son las cosas sino las opiniones que tiene de éstas. Por ejemplo, la muerte no es para nada un mal; por el contrario, la opinión que se tiene de la muerte, eso es el mal. Cuando nos encontremos contrariados, preocupados o tristes, no acusemos de ello a otros sino a nosotros mismos; es decir, a nuestras opiniones" (Epicteto, filósofo presocrático).

Nosotros no reaccionamos ante otros seres humanos o ante los acontecimientos del mundo, sino a lo que interpretamos, a nuestros propios movimientos psíquicos, compuestos por pensamientos y emociones.

Nuestras creencias nos condicionan y nos colocan en posición de dependencia del ambiente. Las creencias enmascaran nuestra libertad de ser lo que en realidad somos. Están íntimamente ligadas a la manera como utilizamos nuestro pensamiento. De modo inconsciente, por el pensamiento y lo mental, colocamos un mundo virtual que no tiene relación alguna con la realidad tal como es, sino que corresponde a lo que quisiéramos que fuera o que no fuera. Es con esta pseudorrealidad que tomamos como realidad aquella con la que estamos relacionados. Eso es lo que está en la base de nuestro malestar, de nuestras crisis, de nuestras patologías y de nuestras insatisfacciones crónicas.

• • •

"Recuerda que no es esa persona quien te dice injurias, ni quien te golpea, ni quien te agravia, sino la opinión que tienes sobre esas personas y que hace que las veas como personas que te agravian. Cuando alguien te lastima y te irrita, debes saber que no es la persona quien te irrita, sino tu opinión. Esfuérzate, por lo mismo y ante todo, por no dejarte llevar por tu imaginación" (Epicteto).

Una creencia no reconoce jamás su naturaleza de creencia

Nuestras creencias nos conducen fuera del campo de nuestra voluntad consciente.

Las creencias están vinculadas con lo que llamamos perogrulladas. De acuerdo con el diccionario de la lengua francesa, una perogrullada es "una verdad tan evidente como banal". Una creencia es como un vestido que uno se pone por la mañana, y del que nos olvidamos muy rápidamente. Antes de leer estas palabras sobre las ropas, ¿están ustedes conscientes de estar vestidos? Ustedes lo saben, ciertamente, y no se lo preguntan. Estamos conscientes del contacto de la tela sobre la piel cuando nos vestimos por la mañana; después, lo olvidamos muy pronto, lo cual es bastante afortunado pues, de no ser así, se movilizaría una importante cantidad de energía psíquica que ya no estaría disponible para otras actividades.

La creencia, la perogrullada…, son evidencias y, bajo ese título, ya no nos las cuestionamos. Es muy evidente —ante los ojos de algunas personas— ¡que uno no tiene el derecho de darse gusto! Que el placer es culpable, por el cual se recibe castigo y que nos conduce al infierno… O que "no está bien, pues mamá sufre tanto…" que "no tengo derecho a la felicidad, porque papá falleció…".

> Una persona cercana me decía, en una época de su vida: "si alguien es feliz en esta Tierra, hay alguna otra persona que es desgraciada. Es una especie de balanza, de equilibrio". De acuerdo con esta creencia, si esa persona se siente feliz y bien, eso implica de manera automática que alguien más en este mundo sufre y se siente

mal. Yo me felicito a mí mismo por no compartir una creencia como ésta, que me parece tan pesada y es fuente de culpabilidad. ¡Esta creencia no me interesa en lo más mínimo! A este respecto, para actualizar la perogrullada, esta persona se dio cuenta de que todo ello no era sino una creencia, lo cual le permitió liberarse en forma muy rápida. Era una noción que no llegaba a su conciencia, aunque organizaba una buena cantidad de sus actos.

El ser humano es movilizado por sus creencias. Se piensa, se vive, en función de éstas; se convierte en su objeto y gasta una cantidad de energía considerable a su servicio. Es fascinante darnos cuenta de la cantidad de nosotros que pasamos la vida como esclavos de algo desconocido, sin buscar ni intentar conocerlo ni liberarnos de ello. Para conseguir liberarnos, es necesario conocerlo y reconocerlo, debido a que la creencia es una evidencia a la cual no se pone en duda, no se le interroga.

Para el musulmán, es evidente que sólo existe un dios, como es evidente para el animista que hay un espíritu en cada cosa. Lo aprendió, lo vio desde muchas generaciones atrás, no puede pensar que las cosas son diferentes. Su representación del mundo está construida alrededor de esa evidencia.

Todos conocemos personas que tienen la certeza de que "para ser amada, hay que servir". Estas personas viven animadas por esta creencia. La mayor parte del tiempo no son conscientes de tener esa creencia, ni de ser sus esclavas. Por otra parte, no saben que pueden cambiar de creencia y que una creencia no es una verdad absoluta e inmutable.

• • •

¡Ella estaba tan celosa! Un problema así con ella misma puede volver a una mujer sorda al amor que otra persona le ofrece. "¡No es un problema conmigo misma!", decía María. "No es más que eso", decía Juan, "no tienes ninguna confianza en ti misma y haces que yo pague por ello" (…). "Pero, ¡yo estoy bien segura de mí misma!", contestaba María. "¡Todo el mundo es celoso!", decía ella. "Si alguien no es celoso, significa que no ama." Juan ya no intentaba convencerla de lo contrario. (…) Ella no quería imaginarlo: mujeres que le hacían confidencias, y su esposo las admiraba, las atendía. "¡Eres muy egoísta!", advertía Juan. "No te hago nada, ellas no te quitan nada." "Lo sé", replicaba María y bajaba la cabeza. No estaba orgullosa de sí misma. Amar a un hombre y vivir con él, eso no significa, seguramente, despojarlo de lo externo, y ella no tenía ningún derecho sobre él. Ella lo sabía. Pero he aquí lo que era más fuerte que sus resoluciones: las imágenes... Y ella no podía impedir gritarle. Era un círculo vicioso ya que, entonces, él tenía más deseos de estar afuera. Pero ella gritaba cuando eso sucedía. Como es evidente, él comenzó a mentirle. Y, sin el menor escrúpulo, le replicaba: "Esto es lo que quieres. No hay nada que quieras saber, que no lo sepas" (Alicia Fernay, *La conversación amorosa*).

Toda creencia tiene una función positiva

El individuo que sufre tiene una conciencia emocional de los inconvenientes de una creencia y es inconsciente de sus beneficios.

Uno de los postulados fundamentales de la programación neurolingüística (PNL) afirma que todos los síntomas de la conducta, de las relaciones o psíquicos contienen, en sus raíces, una "intención positiva" para la persona o para el sistema. Ese carácter positivo es, en la mayoría de los casos, invisible. Sólo permanecen visibles los efectos negativos. En resumen, el síntoma en esta perspectiva es comprendido como una tentativa desafortunada, inadaptada y obsoleta, para obtener alguna respuesta positiva. El extremo señalado es positivo; es el medio que se pone en marcha lo que se convirtió en inadaptado en el contexto actual.

Durante la guerra que desoló la ex Yugoslavia, Zejna, una lugareña de Bosnia, fue a refugiarse al bosque para escapar de las persecuciones y de las purificaciones étnicas. Comenzó a alimentarse de raíces, bayas y pequeños animales que comía crudos, debido a que hacer fuego significaba el gran riesgo de que la descubrieran. Alejada por completo del mundo, Zejna fue descubierta por los cascos azules, cuando la guerra ya había terminado varios meses atrás..., situación que ella ignoraba. La solución de sobrevivir implementada fue positiva, adaptada a un contexto específico perteneciente al pasado. El problema es que la respuesta permanece, mientras la cuestión ya no es actual...

Implementamos creencias para no estar en contacto con experiencias desagradables, en las cuales hemos estado privados de lo positivo o hemos estado en contacto con demasiadas cosas negativas. Las redes de creencias tienen, de esta forma, una función de protección o de defensa, con el fin de prevenir cualquier nueva experiencia negativa.

La creencia se implementa en un contexto en el cual cumple una función, en el que constituye una respuesta de adaptación al ambiente. Después, se generaliza y el contacto con el contexto real se pierde. La creencia lleva, entonces, para decirlo de algún modo, una vida autónoma en la psique, sin tener más en cuenta el contexto.

Las creencias no son, en sí mismas, ni buenas ni malas. Participan en la coherencia y en la estructuración de la persona. Es por ello que es necesario que las abordemos con precaución y delicadeza. Puede ser tremendamente desestabilizador para un individuo poner en duda sus creencias, porque, como acabamos de ver, son puntos de referencia que permiten dar sentido y orientación a la existencia.

Diálogo interno

"Mi madre estaba encinta y quería abortarme. Tenía miedo. No quería morir. Percibí a mi madre como algo peligroso. A partir de ello, desconfié de todo el mundo. En los hechos, ella no me abortó: estoy viva. Además, ¡ella no me conocía! Ella quería deshacerse del embarazo y de un niño de quien hacerse cargo, pero no de mí. Sin embargo, yo tengo ahora treinta años y las relaciones entre nosotras son muy buenas. No busca matarme, pero una parte de mí ignora que ahora todo va bien. Esta parte reacciona todavía a ese primer periodo de mi vida. Es la emanación y la respuesta de adaptación: tengo miedo de morir y padezco de insomnio. Desconfío de todo el mundo, pero otra parte de mí ha olvidado ya ese pasado vivido."

En este ejemplo, notamos cuán dividido está el inconsciente:

— Por una parte está la lógica, el presente actualizado: "Estoy viva, mi madre no quiere matarme, estoy segura con ella".
— Por la otra, se encuentra el miedo irracional, mismo que es la presencia activa del pasado: "Soy una pequeña en peligro de muerte".

Esta parte del inconsciente:

— actúa como un filtro, no tiene en cuenta la buena relación con la madre,
— permite a la persona ser estable en lo que ha vivido a partir de su nacimiento,
— anticipa el futuro, actúa como una profecía; evita las situaciones que considera peligrosas,
— se rehúsa a que la pongan en duda, es suficiente en sí misma,
— tomó el lugar de la realidad,
— no se presenta como una creencia subjetiva, por lo que no implica ninguna solicitud de cambio de la creencia, sino una demanda de cambio de las consecuencias conscientes de la creencia: las angustias, el insomnio, el nerviosismo, el tumor en los pulmones, etcétera.

Orígenes de las creencias

Se ha olvidado la pregunta, pero se mantiene la respuesta

Generalidades

La creencia es un código petrificado de uno o de varios instantes vividos en el pasado.

La creencia es una generalización sin verificación de las deducciones de ese pasado vivido.

La creencia es una generalización categórica, artificial y no justificada.

El cerebro humano trabaja sin cesar. Aprende con rapidez, memoriza (mucho más de lo que nos acordamos), saca conclusiones de sus aprendizajes y emite respuestas o estrategias de adaptación. La psicología nos muestra que un pequeño número de experiencias es suficiente para que la psique realice todo ese proceso. De acuerdo con nuestra experiencia clínica, una o dos experiencias pueden ser suficientes para dar lugar a una generalización y para que se establezca una creencia.

En el origen de las creencias se halla, ya sea:

1. Un acontecimiento único, un *shock* importante, un traumatismo; es decir, una experiencia muy fuerte en el plano emocional.
2. Una serie de experiencias, menos fuertes, menos impactantes, menos graves, aunque repetitivas. En este caso, la repetición es la que establece las bases para la creencia. Nuestras observaciones nos han demostrado que, en muchos casos, son suficientes dos experiencias similares para que una creencia se establezca, en ocasiones, de manera perdurable.
3. Un acondicionamiento educativo.

La mayor parte del tiempo, no sabemos bien por qué creemos lo que creemos. Los orígenes caen en el olvido y, como lo hemos visto, la creencia se impone como una evidencia. Se ha olvidado la pregunta, pero se mantiene la respuesta; se ha olvidado el problema, pero se conserva la solución de adaptación. Y se justifican los comportamientos, las elecciones, la espontaneidad, los pensamientos, por todo tipo de racionalizaciones o de argumentaciones intelectuales que, de hecho, nada tienen que ver con los determinismos reales que habitan en nuestro inconsciente.

Las características del **shock** *único generador de la creencia*

Como ya hemos mencionado, un acontecimiento único, un *shock*, puede ser suficiente para ocasionar el establecimiento de una creencia. El *shock* responde, entonces, a cierto número de características:

a) El acontecimiento es inesperado

Hay una desviación, una diferencia entre eso que esperamos de una situación precisa y lo que sucede. No estábamos preparados. Es una desviación entre nuestra expectativa y la realidad del ambiente. Con mucha frecuencia, esperamos algo diametralmente distinto, opuesto o neutro.

Es el ejemplo del niño que espera recibir felicitaciones de su padre por sus buenas calificaciones en la escuela, y que recibe, como respuesta, ya sea indiferencia o incluso reproches por no haber logrado las mejores calificaciones posibles. Una mujer me platicaba que, cuando era niña, entró un día muy feliz por haber sido la primera de su clase y corrió hacia su padre. Él observó su libreta de calificaciones y le dijo: "Ahora lo que espero es que esto dure hasta el final". Desde ese momento, ella ya no pudo trabajar más. Se convirtió en la última de su salón, porque: "me es imposible, y siempre me será imposible, satisfacer al otro".

b) El acontecimiento es brutal

Esta experiencia es acompañada por una brutalidad, una violencia que nos amenaza y nos obliga a reaccionar... Pero nos encontramos desvalidos y no tenemos acceso a nuestros propios recursos, o bien, la violencia desborda nuestras capacidades de procesamiento y amenaza con poner en peligro nuestra organización anterior. Para protegernos de esta amenaza, debemos reorganizar la realidad en el interior de nosotros mismos (reordenar nuestra red de creencias) para poder integrar esta experiencia en un sistema significativo.

Nuestras experiencias pasadas no nos han preparado para este tipo de vivencias. Para no sufrirlo, debemos cambiar: "Lo creía simpático, me ha decepcionado..., ¡jamás tendré confianza en él ni en ninguna otra persona!".

c) El acontecimiento es nuevo

El acontecimiento es nuevo, de tal manera que la persona no cuenta con experiencia previa de referencia. No tiene retrospectiva, no cuenta con una experiencia anterior ni con recursos personales para hacerle frente.

d) El acontecimiento se vive en la soledad

Por una o por otra razón, la persona no puede comunicarse en relación con lo que ha vivido. El acontecimiento permanece sin que podamos hablarlo, no hay palabras, no es compartido y no se integra en un relato. Permanece como un elemento en bruto, no elaborado, no transformado, sustraído al trabajo psíquico de simbolización. Esto es, por lo regular, lo que detectamos en los traumatismos. La enfermedad viene de una falta de vocabulario.

e) El acontecimiento afecta la representación de uno mismo

La distinción entre identidad (inamovible, esencial) e identificación (movible, cambiante) es esencial; la primera es nuestro ser profundo, inatacable, inalterable, inamovible; la segunda es no sólo cambiante sino frágil, sujeta a todas las transformaciones posibles, a los ataques, a los abandonos. Al tomar la forma de la primera, es la fuente de nuestras ilusiones y después de nuestros sufrimientos.

Un despido no puede afectar sino cuando nos identifiquemos con nuestra profesión, si estamos asociados con esa imagen de director, de profesor, etcétera.

• • •

Ejemplo de un *shock* generador de una creencia limitante

Un hombre, de alrededor de sesenta años de edad, llegó a mi consultorio por una fobia. Experimentaba sensaciones de vértigo, hasta el grado de sentir que iba a perder el conocimiento, y esa perspectiva, en términos literales, lo aterrorizaba. Tenía una necesidad muy fuerte de no perder el control. Esta fobia llevaba consigo actitudes de replegarse, muy limitadoras en la gestión de su vida cotidiana. No se atrevía a salir solo de su casa.

El recuerdo guiado hizo aparecer que, a la edad de once años, fue abusado sexualmente por uno de los sacerdotes responsables del internado en el cual realizaba sus estudios. Su primer malestar tuvo lugar en el autobús que lo llevaba al internado. Sintió un terror intenso por la idea de que, si perdía el conocimiento, iban a abusar de él todavía más. Pensaba que corría menos riesgos si mantenía su conciencia y su lucidez.

Esas creencias estaban todavía activas cuando vino al consultorio, cincuenta años más tarde, cuando eran inadaptadas por completo a su situación actual. El hecho de tomar conciencia de esta creencia de niño, del niño que vivía en él, fue suficiente para liberarse de esa fobia. Al finalizar la terapia, misma que trabajó sólo con sus creencias, la idea de perder el conocimiento se convirtió en algo neutro por completo.

Los vértigos de este paciente eran sintomáticos de un conflicto doble que consistía, por una parte, en no poder confiar en su cuerpo y en su cuerpo familiar; en concreto, su cuerpo maternal, quien no lo escuchaba, y por la otra, en una necesidad muy fuerte de disminuir el tiempo. En efecto, cuando se acerca la noche del domingo, no quiere regresar al pensionado y llora. Su madre le asegura que es importante que vaya al internado y que allí van a ocuparse bien de él. La creencia que desarrolla es la de que no puede tener confianza en su madre. Él no le había hablado de su drama, porque era evidente para él que no le creería. Esta última creencia recubría también una vergüenza por su relación con los abusos que él sufría.

Un fenómeno muy frecuente entre los niños abusados es cargarse de una parte de la responsabilidad y de la culpabilidad. Ese síntoma puede ser considerado la consecuencia de la confrontación, en ellos, de dos polos opuestos: sentirse víctimas, impotentes, sucios y, al mismo tiempo, sentir la vergüenza de haber participado, de haber sido implicados en esos acontecimientos, de haber sido uno de los actores, a pesar de que sólo fue su cuerpo al defenderse.

Esta situación regresa casi de manera sistemática en los casos de violación o de incesto. Nos encontramos frente a una doble creencia, que es la de sentirse, al mismo tiempo, víctima y culpable: "Soy culpable; si sucedió, es por mi culpa. Yo lo provoqué de una forma o de otra. Hice algo que no debí hacer. Hay una parte de mí que sabe que uno no debe tener ese tipo de sexualidad, y otra parte de mí que cree que yo provoco ese tipo de sexualidad. Al mismo tiempo, yo no quiero eso y yo lo provoco". De este modo, el vértigo puede ser considerado como una manera de ausentarse del conflicto, desincorporarse, disociarse de sí. Se observa aquí toda una red de creencias muy enredadas.

En este caso, una sola experiencia fue suficiente para inducir una creencia. El acontecimiento fue inesperado, brutal, sin experiencia previa o similar, sin referencia anterior que le hubiera permitido adaptarse: nadie le dijo que eso podía ocurrir y que podía hablar sobre ello o ir a quejarse con la policía. Este drama fue vivido en la soledad, pues el paciente no pudo hablar de ello con nadie. De inmediato se generaron en él creencias sobre la sexualidad, los hombres, el futuro, su no protectora madre y, sobre todo, sobre él mismo: "Soy malo...".

En caso de shocks *múltiples*

La "ley de dos"

Una persona presta su automóvil a un amigo, que se lo regresa estropeado. No es nada grave, sólo algunos rayones en la carrocería. En una segunda ocasión, vuelve a prestar su automóvil a otra persona, y, también, el automóvil regresa con rayones y con el retrovisor deteriorado...

A partir de estas dos experiencias, que fueron similares, tenemos la tendencia a generalizar (mecanismo de sobregeneralización) las consecuencias: "cada vez que presto mi automóvil, me lo entregan con algo mal". En este ejemplo banal, vemos que el proceso de generalización se apoya sobre una descontextualización, con una pérdida del sujeto ("me lo entregan") y de la inscripción temporal ("cada vez").

Nuestra experiencia profesional nos conduce a constatar que, en innumerables casos, dos experiencias tienen fuerza de ley.

¿Por qué? Es probable que sea porque nuestra biología siente la urgencia de dar un sentido. Para nuestra supervivencia no hay que perder el tiempo. Le hablo a tal persona una primera vez y ella se comporta de manera desagradable. Le hablo a la misma persona poco tiempo después y me agrede. Para mi seguridad, voy a evitarla o voy a agredirla primero; en todos los casos, me prepararé para que esa persona siempre me agreda. La "ley de dos" funciona así; quizá se trate de un residuo funcional arcaico del instinto de supervivencia.

Nuestro cerebro coloca, a gran velocidad y sin que seamos conscientes de ello, una ley, una generalización, una creencia, una verdad…, misma que colorea nuestras emociones y orienta nuestros comportamientos. El fin es hacernos evitar objetos o situaciones de riesgo y dirigirnos hacia aquellos que son gratificantes o útiles para la supervivencia individual o de la especie.

Ejemplos cotidianos de la ley de dos

- Me voy de vacaciones una semana a Borgoña. Llueve durante toda la semana. Dos años después, un amigo regresa de un descanso en Borgoña y me comenta que llovió durante todo el tiempo que duró su viaje. A partir de ese momento, puede instalarse en mí la creencia de que "en Borgoña, llueve todo el tiempo".

- Tengo un vecino con quien la relación es neutra. Un día, me sorprende al colocar sus botes de basura delante de la puerta de mi cochera. Fue simplemente una experiencia desagradable. Pero, poco tiempo después, un amigo me comenta que ese vecino ha tenido problemas con la policía. Estas dos experiencias son suficientes para que yo tenga una imagen negativa de esa persona.

- Mi automóvil fue dañado por jóvenes magrebíes… Sumado a ello, hace dos años mi hermano fue agredido a la salida del liceo por un magrebí… Todos los magrebíes son unos delincuentes y los detesto…

Una de las estrategias de funcionamiento del inconsciente es buscar lo que hay en común entre dos (o varias) experiencias, para proceder a elaborar una generalización que termina en la construcción de una creencia. Nuestro inconsciente busca lo que hay en común entre diversas experiencias.

• Una mujer se cambiaba de casa todo el tiempo. Era, en ella, una verdadera compulsión, una especie de obligación interna que la empujaba y, si hubiera podido, se habría mudado cada mes. El elemento clave, o el objeto desencadenante de esta compulsión, era el vecino. Mucho tiempo antes había tenido un vecino que había matado a su perro. Unos meses más tarde, otro de ellos había envenenado sus flores. En su experiencia, el vecino era un asesino. Cuando ella emigraba a otro lugar, a una nueva casa, comenzaba a sentirse mal de inmediato, porque su creencia le indicaba que su vecino era peligroso. Al no poder vivir con un sentimiento de amenaza permanente, tenía que mudarse para volver a encontrar un sentimiento de seguridad… Pero, por desgracia, se hallaba con nuevos vecinos y ella interpretaba sus acciones y gestos de manera negativa.

• • •

Observamos, entonces, un mecanismo importante del funcionamiento cognitivo automático, mismo que consiste en buscar entre varias experiencia lo que tienen en común, ya sea positivo o negativo. De esta forma, cuando pienso en Borgoña, mi inconsciente pasa revista de todo lo que sé acerca de Borgoña. Cuando intento cambiar de automóvil, y me hablan de tal o cual modelo, mi inconsciente tiene como referencia todo lo que he podido tener yo mismo como experiencia, o lo que he escuchado entre mis amigos, en los medios, etcétera, sobre el modelo en cuestión. Lo anterior forma toda una red de conocimientos parciales que generan una creencia de acuerdo con la cual tal marca de automóviles es muy buena, o, por el contrario, poco fiable.

En la implantación de una creencia, observamos el siguiente funcionamiento:

El sujeto tiene una experiencia con alguna persona y después una segunda y una tercera experiencia con esa misma persona. Su inconsciente cognitivo va a buscar lo que hay en común entre esas diversas experiencias con la misma persona, positivas o negativas.

Un hombre prepara sus próximas vacaciones. A un nivel inconsciente buscará, en su experiencia, cuáles son los elementos comunes del fenómeno "vacaciones". A través de las experiencias tan variadas como el invierno a la nieve, el verano a la playa o al extranjero, solo, en familia o con amigos…, ¿qué hay en común entre toda esta diversidad? Eso quizá quiera decir que, cada vez que me voy de vacaciones, descanso, engordo, la paso mal con mi mujer, o bien, que me cuesta caro…, y allí se crea una asociación: "vacaciones = gastos", "vacaciones = disputas", o "vacaciones = descanso, felicidad".

El inconsciente va a estar, sobre todo, atento al valor, es decir, a la cualidad positiva o negativa que es común a todas estas experiencias. Esto, bien entendido, con el fin de alejarse de lo que es negativo y acercarse a lo positivo.[1] Pero es muy raro que una experiencia sólo sea positiva o negativa, en el todo o la nada. La mayor parte del tiempo, presenta una mezcla de dos valores. Se da, con mucha frecuencia, la ambivalencia. Y toda realización de un deseo o de un proyecto tropieza, en un momento o en otro, con el principio de la realidad y pasa por un momento de desilusión, una des-idealización que va a ser necesario integrar. De acuerdo con el principio del placer, el inconsciente va a colocar, como sobre los dos platos de una balanza, lo positivo y lo negativo. De ese modo, lo que será determinante son nuestros criterios y sus jerarquías.

---

1. De acuerdo con el modelo "la goma y el tintero", hay dos tipos o estructuras de experiencias: la viva, para la supervivencia, necesita alimento, agua, oxígeno, cuidados, pero también protegerse del frío, de los depredadores, del gas carbónico, etcétera. Existen esas dos realidades, esos dos movimientos: asirse a lo positivo y alejarse de lo negativo. Podemos, por consiguiente, reconocer dos tipos de experiencias:

– Las experiencias de "demasiado lleno", en las cuales se ha estado en contacto con lo negativo, con una fuente de sufrimiento o de disgusto. Es el caso, por ejemplo, de una agresión. Lo que va a destacarse en seguida, con mucho relieve emocional y de conducta, es evitar lo negativo. De manera defensiva y en una tentativa de restauración, la tendencia personal será la de borrar (la "goma"). Se activan entonces mecanismos tales como la evitación, la negación, la anulación, la alucinación negativa que hace desaparecer el objeto.

– A la inversa, las experiencias de falta, de vacío, de "no suficiente" son aquellas en las cuales se ha estado separado, abandonado, descuidado, desnutrido, etcétera. Lo que va destacarse será la búsqueda de estar siempre en contacto con lo positivo, con fuentes de gratificación, y evitar tomar riesgos. Lo que cuenta, entonces, es no estar separado de lo positivo. La tendencia será añadir contacto (el "tintero"). Se encuentran allí las conductas de riesgo, la bulimia, las patologías adictivas, la tendencia a acumular como el "coleccionismo", las personalidades dependientes y, en el extremo, el delirio y la alucinación.

La implementación de las creencias no es ni lógica ni estadística

Numerosas creencias son producto de una forma de tratamiento estadístico personal y no responden en absoluto a las exigencias de la lógica racional o científica. Una correlación, incluso muy significativa entre dos elementos, no es jamás suficiente para probar cualquier vínculo de causalidad. En Alsacia, la tasa de natalidad descendió con fuerza en el siglo xx, el número de cigüeñas también… Cada cual sacará sus conclusiones…

Se asocian dos elementos, o más, de manera arbitraria, pero no desprovista de sentido, lo cual responde a una lógica que es la del inconsciente, de nuestros deseos, valores y motivaciones.

Por ejemplo:

- Alrededor de las fábricas se presentan más enfermedades pulmonares, por lo cual cabe concluir que la contaminación produce enfermedades. Podemos preguntarnos, sin embargo, si no existen otros elementos importantes a ser considerados, otros factores, tales como el nivel socioeconómico de las poblaciones que viven cerca de las fábricas.

- Los pastores del Cáucaso tienen pocos enfermos de cáncer. Comen mucho queso de oveja. ¿Significa eso que el queso de oveja es anticancerígeno? Es posible que estos pastores tengan una forma de vida mucho menos expuesta al estrés, lo cual olvidamos precisar.

- Se encuentra más cáncer en el cuello de la matriz en las mujeres negras de bajo nivel socioeconómico y que tuvieron relaciones sexuales en edades tempranas. Conclusión: mientras más relaciones sexuales se tengan de manera precoz, temprana y frecuente, mayor será la probabilidad de desarrollar cáncer uterino. Otra conclusión probable: ¡el esperma es cancerígeno! O bien, ¿no será la posibilidad de hacer un conflicto sexual, lo que aumenta? Si en otras épocas pensábamos que el cáncer tiene sus fundamentos en la raza o en la alimentación, ya no puede creerse eso en la actualidad.

La educación de los padres, la lealtad/honradez

La creencia tiene una génesis, un origen y un desarrollo. No llega hecha por completo sino que se inscribe en una historia personal, familiar, social, educativa y cultural. La educación, la transmisión de conocimientos nos hace heredar una parte de las creencias de nuestros padres, de nuestros ancestros, de nuestros educadores (profesores, sacerdotes, jefes de niños exploradores...) ya sea:

— De una manera transgeneracional, inconsciente
— Por la influencia del medio ambiente
— O por transmisión implícita y/o explícita de valores familiares o tradicionales (la educación).

Los padres poseen cierto número de valores y de creencias que transmiten a través de la educación y que el niño no está en posición de cuestionar; tampoco puede intentar verificarlas, porque eso no le aparece en la conciencia; son como el aire que respira: "¡esto es así!". Son las evidencias, las perogrulladas para quien las recibe, sin hacer preguntas. Hasta cierta edad, el niño considera como normal y evidente todo lo que sucede y lo que se dice en su casa. Su necesidad de seguridad se alimenta del pensamiento de que los padres tienen razón. Es, de alguna manera, la importación, la función copiar/pegar. Por lo general es más tarde, en el contacto y el diálogo con los demás o, dicho de otra forma, en el reencuentro con el exterior, cuando el niño puede comenzar a darse cuenta que afuera las cosas funcionan diferente. El niño puede, entonces, comenzar a desunir, a poner en duda, a interrogar, pues se ha convertido en un individuo consciente.

Uno de los modos más frecuentes como se implementan las creencias es la interiorización (o introyección), durante la infancia, de mensajes de los padres: valores, prohibiciones, exhortaciones ("sé prudente"; "sé gentil"; "sé perfecto"; "sé sumiso"...).

Por consiguiente, las creencias familiares son generadas por el inconsciente del grupo. Sus creencias o representaciones pueden ser fuente de malestar, de conflictos o de sufrimientos, en donde uno de los miembros puede ser el portador. Familias enteras pueden llevar creencias o fantasmas compartidos por todos sus miembros, concernientes a terrenos tan diversos como el éxito social, el papel de los hombres y las mujeres, la sexualidad, los extranjeros, etcétera.

Los científicos distinguen los genes y los *"mems"*, que son las experiencias que nos son transmitidas por los otros. Son experiencias memorizadas y transmitidas de manera no genética. Es una transmisión del aprendizaje que no pasa por los genes y que, en ocasiones, incluso rivaliza con éstos. Está inscrito en mi código genético, por ejemplo, que debo comer... Sin embargo, puedo desarrollarme en un ambiente que se opone a ello; por ejemplo, si me dedico a la danza clásica o si soy modelo. Cuando los genes y los *mems* están en conflicto y, en caso de competencia entre ellos, el *mem* es el que gana.

Exhortaciones

¿A través de cuál mecanismo las creencias tienen fuerza de ley y ejercen tal poder de obligación?

Cuando nuestras creencias no están satisfechas, nos percibimos y nos sentimos como en un desfase en relación con nuestro escenario de vida, delimitado por nuestras creencias fundamentales, y ese desfase es fuente de angustia[2] y/o de culpabilidad. Para escapar de la culpabilidad y de la angustia debemos dejar de ponernos de acuerdo con las exigencias que emanan de nuestros sistemas de creencias y, en vez de ello, interrogar esas creencias en sí mismas, cuestionarlas, cambiarlas.

La angustia, en ese caso, puede provenir de una pérdida de sentido, de identificación, de control, incluso de identidad. Porque, como ya mencionamos, una

---

2. La angustia se distingue del miedo porque éste se refiere a un objeto preciso, identificado, localizado. La angustia es un sentimiento más difuso, más confuso, sin objeto preciso, y el origen de ese sentimiento puede estar perdido en los arcanos no conscientes de las experiencias infantiles. Sentimos miedo ante un peligro, ante alguna cosa. Estamos angustiados a causa de que algo falta, de una ausencia, de un vacío.

función de las creencias es delimitar mi espacio, pero también el espacio del comportamiento (lo posible, lo realizable) y el espacio de las relaciones interpersonales. La creencia no deja lugar a la duda, a lo ambiguo. El hecho de encontrarnos, por una razón o por otra, en ese campo puede ser desestabilizador y productor de ansiedad extrema y hace aparecer un sentimiento de amenaza, de peligro hacia la integridad del Yo.

Puede aparecer un sentimiento de culpabilidad cuando estamos en un desfase con las creencias de valores morales fuertes, o basadas en exhortaciones en la edad temprana. El súper yo ejerce allí su poder constrictivo y punitivo al hacer pasar al primer plano la conformidad con las referencias externas (leyes, normas, reglas) y al descalificar las referencias internas (consideradas como egoístas, narcisistas, inmaduras, incluso "malas"). Consideramos que la buena salud psicológica se sitúa en un equilibrio entre estos dos polos.

Las exhortaciones son condensaciones de valores y de creencias derivadas del ambiente, introyectadas por el sujeto y que le dictan su conducta bajo la pena de una amenaza que, por lo general, no es explícita. Enunciadas de manera imperativa, las exhortaciones se presentan como órdenes: "sé gentil"; "sé perfecto...". Desde un punto de vista psicolingüístico, la forma imperativa es un buen indicador del hecho de que es la voz de otro la que se expresa así, en nuestro interior.

La fuerza operativa de las exhortaciones es, en parte, su carácter conciso, perentorio. De esta forma, pueden actuar como pensamientos automáticos, muy veloces, y sin tener necesidad de que lleguen a la conciencia para ser eficientes y dictar nuestras elecciones y conductas.

El acercamiento psicoterapéutico buscará localizar esas exhortaciones para, de inmediato, "descubrirlas" y hacer que aparezca la red de creencias que las resumen; en particular, la amenaza que está debajo de ésta, no explícita (Sé gentil, si no... ¿qué? ¿Cuál es el riesgo que se corre?). Llegará también a la identificación de esa otra persona que allí se expresa (¿Quién habla? ¿Quién dice eso?). Será necesario acompañar a la persona en un trabajo de des-identificación, de separación, de liberación y, a la vez, un trabajo de reforzamiento del Yo, de actualización de nuevos valores y creencias, y de anclaje de referencias fuertes y mejor adaptadas.

Creencias, cultura y sociedad

Otras creencias son provenientes de la cultura y transportadas por el cuerpo social. A menudo no son aprendidas, sino transmitidas por el inconsciente del grupo. Todo grupo humano está estructurado sobre cierto número de valores y de creencias, mismas que lo definen y lo distinguen de los otros grupos. No es necesario que las creencias culturales sean aprendidas en la escuela, y no son en absoluto el resultado de una experiencia traumática. Estas creencias impregnan al individuo que se encuentra sumergido en éstas como en un baño de sentido. Constituyen un especio, un tejido de significados y de vínculos en el cual el sujeto puede desarrollarse sobre la base de un contrato inconsciente (llamado contrato narcisista) que define las identidades y asigna las funciones y los lugares de los miembros del grupo. Las situaciones de ruptura cultural (en el exilio, pongamos por caso) pueden engendrar, por ejemplo, conflictos de identidad y síntomas de tipo depresivo o conductuales.

Existen, asimismo, creencias sociales, mismas que permiten un funcionamiento social, una vida en sociedad, y que son compartidas por los grupos de pertenencia. Tienen como función estructurar al grupo. Cada grupo produce y transmite sus representaciones, sus creencias, las cuales lo definen y lo identifican en relación con los otros grupos. E. Durkheim hizo hincapié en que la fuerza de las creencias (religiosas) no reside tanto en sus contenidos sino, más bien, en el hecho de que son compartidas y de que enuncian reglas y normas colectivas.

El psicólogo J. Bruner hace hincapié en la importancia de la necesidad de significación, así como de intención, en nuestros comportamientos y elecciones. De acuerdo con este autor, el acercamiento cognitivo puro, inspirado en el modelo informático, es reductor e incapaz de dar cuenta de la complejidad y de la determinación múltiple de los comportamientos humanos, porque éste no visualiza los comportamientos sino bajo el ángulo del tratamiento de la información y de sus pretendidas debilidades.

Bruner desarrolla su argumentación apoyándose en una doble comprobación:

— No se puede comprender al ser humano sin tener la medida de sus intenciones sobre lo que prueba y lo que hace
— Sus intenciones son, en sí mismas, dependientes de los sistemas simbólicos de la cultura.

De esta manera, lejos de no considerar los sistemas simbólicos de la cultura (mitos, creencias, costumbres, etcétera), aquellos que integran lo que puede llamarse la "psicología popular" (las evidencias comúnmente compartidas) sino como fracasos del tratamiento óptimo de la información, Bruner propone observar allí las formas socialmente preconstruidas y que son susceptibles de dar una forma a las intenciones que guían nuestros comportamientos y una significación que guía nuestras interpretaciones de los acontecimientos. "Mi punto de vista es que la cultura (y no la biología) da forma a la vida y al espíritu del ser humano, da una significación a su acción al situar la intencionalidad que la sostiene en un sistema interpretativo preciso" (Bruner). Bruner retoma el pensamiento de Serge Moscovici, para quien la sociedad no es una fuente de información sino de significación.

Las creencias compartidas en una cultura dada no pueden, por tanto, relegarse al terreno del absurdo, del error o de lo irracional. Responden a reglas y llenan de funciones reguladoras al nivel de la conducta: la psicología popular, que comprende un conjunto de reglas simbólicas y narrativas (y no lógicas o categorías) que organizan sistemas de creencias, "no se contenta con decir cómo son las cosas, sino que dice (con frecuencia de manera implícita), cómo deberían ser".

Una de las funciones más importantes de la psicología popular es vestir con formas pensables y compartibles (comunicables, inscritas en un relato) a los acontecimientos que salen del marco habitual de la experiencia: enfermedades, acontecimientos traumáticos, desgracias, cataclismos naturales, etcétera. La cultura tiene como función resolver los conflictos, responder a la angustia, construir para sus miembros un sistema interpretativo que le permita dar cuenta de lo excepcional a partir de referirlo a los sistemas de creencias. Es el sentido, por ejemplo, de los relatos de mitos, que ponen en juego la función narrativa de los objetos culturales.

La cultura y la psicología popular, en los relatos y las creencias que éstas vinculan, contribuyen a dar a los individuos la ilusión eficaz de que los acontecimientos tienen un sentido y de que responden a un orden de las cosas, "como si no pudieran aceptar la idea de que las cosas no tienen lugar, de que existe el azar en el universo" (Moscovici).

Lejos de ser sólo sesgos del tratamiento de la información, esas atribuciones causales, culturalmente codificadas, cumplen una función mayor de regulación de los afectos.

La función narrativa

La función cultural de un relato no depende del carácter real o imaginario de su contenido. "La indiferencia de la historia a las realidades extralingüísticas hace énfasis en el hecho de que se trata de una estructura interna al discurso. En otros términos, es la secuencia de las frases lo que determina la configuración en conjunto de la historia, su intriga; es poco importante que cada una de las frases sea verdadera o falsa. Es esta singularidad única lo que es indispensable a la significación de una historia y al modo de organización mental por medio de la cual es comprendida" (Bruner). Encontramos aquí todo el sentido y la pertinencia terapéutica del empleo de los cuentos y las metáforas.

La consideración del sistema simbólico en el cual evolucionan los individuos podría permitir, por otro lado, desmenuzar las creencias que sostienen el éxito —que no es por lo demás sino actual— del recurso de los medicamentos alternos, y en qué aspectos la medicina oficial universitaria, cada vez más técnica y especializada, no responde a algunas condiciones. ¿Qué es lo que la medicina universitaria oficial, en tanto, por ejemplo, que medicina estadística o biomédica, induce en términos de vivencia emocional y de creencias? Aquí también, el asunto del sentido y del control nos parece central. Porque "puede renunciarse a todo, menos a tener un mundo con significantes" (Moscovici).

Cultura, creencias y enfermedad

En *La antropología estructural*, Claude Levi-Strauss explica que en el interior de un mismo individuo se cruzan diversos sistemas de cultura. Estamos atravesados por identidades culturales múltiples, mismas que adoptamos según las circunstancias o el contexto. Pertenecemos, de manera simultánea, a diversos sistemas de cultura: universal, continental, nacional, provincial, local, tribal, familiar; pero, asimismo: profesional, confesional, político, etcétera. La cultura no es, por tanto, una entidad única que es adquirida de una vez por todas.

Aquí, es importante, para intentar delimitar los informes de la cultura —y de las creencias que la cultura conlleva— a la enfermedad, entender muy bien que la cultura siempre es interiorizada. No se trata de un sistema teórico abstracto. La cultura es una dimensión que atraviesa al individuo incluso, hasta en su cuerpo. El cuerpo no es sólo una dimensión anatómica-biológica: es un cuerpo vivido, un cuerpo probado, un cuerpo representado, y esas representaciones están impregnadas de cultura.

Eso implica que la utilización del cuerpo, como los informes que tenemos con nuestro cuerpo y lo que le sucede (las enfermedades) no son nunca puramente naturales.

Ya hemos recordado en estas páginas el hecho de que las creencias ignoran su naturaleza de creencias y se posicionan como evidencias naturales. De igual forma, todo fenómeno cultural tiene la tendencia a colocarse como fenómeno de naturaleza. No sólo nuestras formas de pensar, de percibir y de comprender el mundo y sus acontecimientos están atravesadas por la cultura, lo que en ocasiones nos molesta admitir... sino también nuestros gestos, nuestra forma de sentarnos, de comer, de caminar o de tener relaciones sexuales, etcétera; todo ello que pensamos que son las cosas más naturales del mundo, todo ello, en realidad, lleva la marca de nuestras pertenencias culturales.[3]

El caso de la alimentación es un excelente ejemplo: los gustos y los disgustos, hasta los muy naturales reflejos de náusea, son desencadenados por elementos culturales. Es la cultura la que decide con toda claridad lo que es bueno, lo que puede comerse y lo que no es comestible. Algunos alimentos muy gustados en África central provocan reacciones físicas de gran disgusto a los occidentales... Y nosotros sabemos bien lo que les inspiran a los habitantes de ese continente las personas que comen caracoles o ancas de rana.

Es importante que nos separemos de manera radical de esa imagen del cuerpo entendida como un elemento puramente natural. No podemos reducir a la persona sólo a su cuerpo biológico.

Y cuando el cuerpo sufre, cuando una desgracia o una enfermedad llegan al cuerpo, la cultura interviene en ello para proporcionarle sentido. La antropología de la enfermedad es un terreno donde los investigadores intentan comprender el sentido que las personas dan, según sus pertenencias culturales, al malestar biológico.

Las teorías etiológicas populares

Según las culturas, van a encontrarse diversas teorías etiológicas; dicho de otro modo, explicaciones causales sobre el origen de los síntomas y de los malestares, que son muy diferentes a las explicaciones biomédicas.

En todas las sociedades existe la idea de que las enfermedades son atribuibles a las conductas y comportamientos; por ejemplo, el hecho de no haber respetado

---

3. Consultar, a este respecto, a M. Gauss, *Las técnicas del cuerpo* (1934), uno de los textos fundamentales en antropología.

una prohibición alimentaria durante un embarazo va a ser invocado como explicación de una anomalía en el recién nacido. Estas actitudes del comportamiento están presentes de manera implícita en el cuestionamiento: "¿Qué es lo que hice para que me suceda esto?".

En algunas sociedades orientales, son las nociones de energía y de equilibrio las fundamentales; por ejemplo, en la medicina china, no es sólo en el interior de la enfermedad donde se sitúa el problema: todo lo que sucede en el interior está asociado y en resonancia con el mundo natural, el clima, los astros, el cosmos, etcétera.

En otras sociedades, es el mundo social y las relaciones entre los seres humanos las que son cuestionadas de forma explícita cuando hace su aparición la enfermedad. En Occidente, se hablará con gusto de conflicto, de estrés, de acoso o de abandono... más allá, se hará referencia a explicaciones ocultas (brujerías...): por un espíritu que tomó el lugar de usted y que decidió guiar su conducta, etcétera.

Con frecuencia, las teorías etiológicas populares son complejas porque combinan varios niveles de causalidades (mundo natural, sobrenatural, etcétera). En esas teorías no hay oposición entre causas naturales y sobrenaturales: son niveles de causalidad distintos que no responden a la misma cuestión.

Si un niño contrae el paludismo, todo el mundo sabe (incluso los "salvajes...") que ese niño fue picado por un mosquito que le transmitió el parásito. Es el cómo, el mecanismo, y es allí donde se detiene la biomedicina. Pero en innumerables sociedades, ésta no es una explicación suficiente porque no responde al "por qué". La verdadera razón, la primera causa, está en otra parte. El mosquito no es más que una causa instrumental, secundaria.

Incluso, si sabemos bien que existe una infección parasitaria, y a consecuencia de ello, el paciente se dirige al dispensario para pedir quinina, se va también, al mismo tiempo, a ver a alguien, adivino u otro sabio, para saber quién formuló un sortilegio, quién está celoso, quién va a atacar a la descendencia..., o bien, para determinar lo que le han hecho o le han dejado de hacer, quién ha introducido el desorden, un desequilibrio en el orden del mundo y, de esta manera, ha abierto el paso a un espíritu maligno (por ejemplo, a un ancestro a quien no se le rindieron los cultos apropiados).

Si la biomedicina occidental, racional, se mantiene en el nivel del mecanismo, del cómo, muchas sociedades no se sienten satisfechas con esta perspectiva, a la cual consideran limitada… En nuestra sociedad, en el momento cuando aparece una enfermedad grave, un cáncer, por ejemplo, de inmediato surgen preguntas sobre el origen del mismo y se hace un llamado a las creencias para darle sentido, explicación, mismas que van más allá de los datos que pueden proporcionar los médicos sobre la epidemiología de las enfermedades…

Capítulo 5

Sentidos y creencias

"Estructurarse es llenarse de sentido".

El mundo es un Rorschach

"Muchas circunstancias son vividas de manera dramática, pero el niño no tiene las capacidades para analizarlas. Por tanto, es impulsado por la necesidad de dar un significado a lo que le sucede, como si esta atribución de sentido valiera más que la nada caótica que está a punto de vivir" (Josiane de Saint-Paul).

En una familia, una madre angustiada afirma sin cesar ante su hija que el mundo es peligroso. Sin embargo, olvida que ella forma parte del mundo, que ella es el primer mundo para sus hijos. Ella significa, pero sin decirlo, su propia peligrosidad. ¿De qué manera podría la niña sentirse bien, con la suficiente seguridad, si no tiene protección?

Esto para mantener el espíritu de que hablamos, en última instancia, de nosotros mismos. La manera como hablamos del mundo es una evocación, en realidad, a nuestra propia construcción del mundo, nuestras propias representaciones, estructuradas y organizadas alrededor de nuestros conflictos, nuestros miedos, nuestros deseos, nuestras prohibiciones y nuestra educación. Nosotros nos asimos en forma permanente a los acontecimientos del mundo exterior para expresar algo de nuestro propio mundo interno y de sus movimientos y para darle forma.

Si nuestras creencias son perogrulladas, en realidad, sin saberlo, sólo hablamos de las evidencias de las creencias que no mencionamos. No son explícitas, pero están presentes de modo implícito en nuestras conductas, en nuestros discursos y en nuestras elecciones.

Rorschach, psiquiatra y psicoanalista suizo, se dio cuenta de que cada individuo veía algo diferente en una representación abstracta. Construyó un examen proyectivo en el curso del cual el sujeto proyecta, en dibujos abstractos (manchas de tinta simétricas), que en sí mismas no tienen ningún sentido y están desprovistos de todo significado, alguna cosa de su propio funcionamiento psíquico, de sus contenidos internos y de sus conflictos intrapsíquicos y/o interpersonales.

Un objeto cualquiera, neutro, puede con facilidad devenir en ambiguo. Se presta a recibir todo tipo de significantes. Puede ser una mancha de tinta, una nube, huellas de café... Puede ser, por encima de la catedral de Pointe a Pitre, un fenómeno atmosférico circular conocido, pero bastante raro..., y como apareció en el momento de la elección del Papa Benedicto XVI, algunos vieron en ello un signo de alianza entre Dios y la Tierra. Ese fenómeno no se convierte en un signo sino a partir del momento en el cual le aplicamos un mecanismo interpretativo. Es el mismo mecanismo de atribución de sentido que está presente y en operación en la manipulación mágica de los objetos (brujería, actos psicomágicos, animismo, por ejemplo). Alguna cosa neutra, un objeto desprovisto de significado, se convierte en el depositario de un sentido que nosotros le atribuimos, de manera personal o colectiva.

La realidad es ambigua. Las palabras, las frases, el comportamiento, la enfermedad, son ambiguos. El mundo entero es ambiguo y pone en evidencia la actividad de nuestras creencias. Porque podemos soportar todo, salvo un mundo que no signifique nada. El ser humano, en todas las latitudes, manifiesta una necesidad fundamental de pensar que las cosas tienen un sentido, que responden a un orden, a una lógica…, es libre de construir sistemas filosóficos o teológicos que pueden ser elaborados en extremo, a pesar de su antropocentrismo evidente. Como decía el insolente M. de Voltaire, "Dios ha creado al hombre a su imagen y éste se lo devolvió bien…". Un mismo objeto, un mismo acontecimiento, puede, sin embargo, tener muchos sentidos diferentes. El ser humano tiene necesidad de otorgar sentido a los acontecimientos, sobre todo cuando son inesperados, aleatorios o incontrolables. Para ello, crea teorías, culturas, mitos y religiones que le permiten representar los acontecimientos e inscribirlos en un conjunto significativo. Nada es más insoportable para el ser humano que el absurdo; es decir, lo que no está pensado, elaborado a un nivel psíquico. La peor situación es permanecer en el porqué, en el sinsentido.

Lo que no está pensado, lo que no se ha representado, lo que no pudo llegar a la representación interna, por falta de sentido o por el exceso de angustia que la representación pudiera implicar. Es por falta de simbolización de un contenido impensable que aparecen numerosos síntomas psíquicos, de la conducta, de las relaciones o somáticos.

En busca de sentido

Una de las condiciones que permiten proceder a esta elaboración psíquica es la capacidad de atribución de sentido. Con ello, toda creencia llena una función positiva en la economía psíquica, cualesquiera que sean sus efectos, comprendidos allí vivencias de sufrimiento y discursos de lamentos.

En su acercamiento terapéutico llamado "logoterapia", el psiquiatra austriaco Viktor Frankl ha resaltado la importancia de hallar un sentido a la vida, y para ello, construir una red de valores y de creencias estructurantes.

Frankl (1905-1997) es el fundador de lo que se convino en llamar la *tercera Escuela de Viena* (después de la escuela freudiana y adleriana). Con objeto de designar los dos aspectos de su acercamiento terapéutico, Frankl definió los conceptos de *logoterapia* y *análisis existencial*: *Logoterapia* contiene la palabra griega *logos* y significa que uno se interesa en el terreno del sentido y de los valores, mientras el *análisis existencial* hace emerger, en toda libertad y responsabilidad, la reflexión del hombre sobre su unicidad y su singularidad.

Frankl considera la necesidad de sentido como una fuerza de motivación innata según la cual el ser humano no puede, en ningún caso, dejar de querer llevar una vida llena de sentido. Si aparecen sentimientos de frustración o de vacío, es la señal de que se desarrolla en sí un debate entre sí mismo y con los demás en el tema de su vida. Para V. Frankl, una de las causas más importantes de las neurosis o de otras enfermedades psíquicas reside principalmente en la pérdida de sentido, lo cual se entiende, al mismo tiempo, como pérdida de orientación (¿dónde?) y de significación (¿por qué?).

Frankl se ubica en la línea existencialista. El sentido no es una idea abstracta, una opinión, sino que está anclada de modo existencial en cada vida humana. Es precisamente en la pérdida de sentido, en la desesperanza, donde aparece la necesidad de sentido. No puede "poseerse" el sentido, sino sólo vivirlo, cumplirlo. El individuo tiene necesidad de experiencias portadoras de esta cualidad de sentido. Frankl observa en la religión un medio que tiene el hombre para responder a las preguntas existenciales y, al descubrir un sentido en su vida, llenar así el vacío existencial que está, según él, en la base de innumerables patologías mentales y que denomina "neurosis noogénicas". Como psiquiatra y psicoterapeuta, Frankl procura no adoptar posturas de generalización. Lo que coloca por delante es la existencia de un último "súper sentido" en el cual cada individuo confronta su vida, que se acercaría al concepto de "misión" evocada en los niveles lógicos. El hecho de que llamemos Dios a ese "súper sentido" se trata de una cuestión subjetiva y, al mismo tiempo, codificada a nivel cultural. La explicación de esta reserva es que, para él, es primordial aclarar que el objetivo de la logoterapia no es el sentido de la vida en general, sino el sentido de cada vida en particular en una situación determinada; es decir, en forma muy concreta, en el aquí y el ahora, con una mirada orientada hacia el futuro.

Frankl y la experiencia de los campos de la muerte

Durante la Segunda Guerra Mundial, Viktor Frankl fue deportado durante tres años al campo de Auschwitz y a otros campos de exterminio. Como psiquiatra, allí pudo observar reacciones del ser humano cuando es colocado en situaciones extremas de supervivencia y de amenaza permanente. Reacciones, en ocasiones, sorprendentes de ese hombre ordinario que pudo resistir y manejar el *shock* de manera heroica, de esas personas honestas que pudieron conducirse como desalmadas o de aquellos hombres fuertes, líderes, que se desmoronaron con brutalidad y murieron a los pocos días.

Frankl se preguntó cuál era la diferencia entre aquellos que se mantenían y los que se doblegaban. Entonces, se dio cuenta de que no era sólo una cuestión de fuerza, de voluntad o de moralidad. Era una cuestión de sentido. Aquellos que habían perdido todo sentido en su vida, todo fin, toda razón de continuar la lucha a pesar del sufrimiento, se doblegaban y morían en pocos días. Aunque sea ilusorio, el sentido permite mantenerse.

Frankl se dio cuenta, por ejemplo, de que a Auschwitz llegaban con regularidad ciertos comentarios y rumores, provenientes quién sabe de dónde, según los cuales el campo iba a ser liberado tal o cual día. Esta esperanza daba a los deportados la energía de resistir hasta ese momento. Una vez que la fecha pasaba, los que podían establecerse otro objetivo con rapidez, conseguían mantenerse. Para los demás, era el fin. Lo más difícil era hallar un sentido en ese universo dominado por el absurdo. La fe, la espiritualidad o el amor podían ser, en ese momento, un poderoso motor.

La experiencia de Frankl es conmovedora. Uno de los objetivos que se fijó fue el de mantenerse hasta la liberación por amor a su esposa —deportada ella también a un campo vecino—, a pesar de no saber si todavía vivía. Su amor por ella hacía que surgiera un sentido en el fondo de ese infierno.

De manera muy emotiva, nos relata la forma como vivía en su interior con ella, la veía y le hablaba: "Nada puede separarme de su amor, de mis pensamientos y de la imagen de mi bienamada. Si me hubieran capturado en ese momento, cuando ella ya estuviera muerta, no creo que hubiera dejado por ello de contemplar su imagen, o que mi conversación hubiera sido menos vívida. Llévame como un sello sobre tu corazón, porque el amor es más fuerte que la muerte (Ct 8,6). Sentía cada vez más su presencia; ella estaba conmigo. Tenía la impresión de que iba a tocarla, de que iba a tomarle la mano. Esta sensación era muy intensa, ella estaba allí...".

Descubrir un sentido en la vida no es un lujo, un accesorio del hombre moderno en el mundo: es una necesidad existencial fundamental. Si esta dimensión se reveló en los campos de la muerte, con un relieve agudo en extremo, ello no es menos vital para cada ser humano y su pérdida puede explicar muy bien sus sufrimientos.

Rehabilitación del inconsciente como habitación de lo sagrado

En el plano de la religión, Frankl invierte por una parte el punto de vista positivista de Freud. "Para nosotros —escribe—, el padre no es el arquetipo de toda divinidad.(...). Dios es el arquetipo de toda paternidad. El padre no es primero sino en el plano de la genética, de la biología, de la biografía. En términos antológicos, la relación niño-padre no hace sino reproducir la relación hombre-Dios (...). Sin embargo, es verdad que en el plano de la psicología la primera es anterior". El acercamiento espiritualista de Frankl se desmarca del psicoanalítico, en particular de la visión freudiana del inconsciente, dando un lugar central al Yo: núcleo espiritual y existencial del individuo, asiento de la conciencia moral y de la responsabilidad, fuente de la religiosidad. Este elemento espiritual y existencial, el "Yo", no se vuelve consciente "sino en sus realizaciones, las más periféricas y las más insertadas en la acción". En su fuente, el "Yo" es, en esencia, inconsciente y no analizable.

De acuerdo con Frankl, habría una religiosidad inconsciente en el sentido de una trascendencia inscrita en lo más profundo de la persona. Esta relación con Dios, que todo ser humano posee, permanece, en su mayor parte, inconsciente, y la mayor parte del tiempo, latente o rechazada. Frankl no se pregunta sobre la existencia de Dios desde un punto de vista intelectual, sino desde un punto de vista existencial: ¿Qué sentido da a la existencia de un individuo la creencia en la existencia de Dios?¿Cómo es que la realidad espiritual inconsciente del individuo logra realizarse en la existencia de la persona, cualesquiera que sean su pertenencia cultural o sus tendencias religiosas?

Frankl se distingue de Jung quien, aunque reconoce una religiosidad inconsciente, la localiza en el "ello"; dicho de otro modo, en el polo impulsivo o instintivo. Jung observa en esa religiosidad natural un tejido de elementos arcaicos, arquetípicos, que pertenecen al inconsciente colectivo de la humanidad. Para Frankl, la religión es de otro orden: existencial y no instintiva. Y no es sino de manera secundaria que la religiosidad toma prestadas las formas nacidas de la tradición sociocultural de la persona. Humanista y espiritualista, Frankl "rehabilita así el inconsciente y restaura en el individuo valores del espíritu que lo distinguen de los animales" (Kammerer) y lo separan de la vida instintiva.

Los grandes terrenos de búsqueda de sentido

Si las creencias son innumerables, conciernen a temáticas esenciales que pueden reagruparse en algunas grandes categorías:

- Uno mismo
- Los demás, el otro
- El mundo
- El futuro
- La vida, la muerte
- La salud, la enfermedad
- Dios

Estos elementos intentan brindar respuestas a las preguntas fundamentales que se formula el ser humano en su esfuerzo por encontrar un sentido a su vida y a lo que le sucede:

> — ¿Quién soy yo?
>
> — ¿Quiénes son los demás? ¿Qué puedo esperar de ellos?
>
> — ¿Cuál es mi lugar en el mundo?
>
> — ¿Cuál es mi futuro? ¿Obtendré lo que deseo? ¿De qué manera?
>
> — El ser humano, ¿es mortal o inmortal? ¿Hay una vida después de la muerte?
>
> — ¿Qué es la enfermedad? ¿De dónde viene la enfermedad, la desgracia, la adversidad? ¿Qué he hecho para merecer eso?
>
> — ¿Quién es Dios? ¿Qué me pide?

Hacemos un llamado a nuestras creencias, en forma inconsciente y automática, cada vez que tenemos que realizar una elección. En el fondo, cada uno de nosotros tiene en realidad pocas creencias, pero están activas de manera permanente. Y, cuando las creencias cambian, también lo hacen muchos aspectos de nuestra vida, en nuestras elecciones, en nuestras conductas y en nuestros estados emocionales.

Creencias, sentido y salud

Cualquier enfermedad, ya sea somática o psíquica, es, bien entendida, un fenómeno personal, una vivencia individual, pero es, además, un fenómeno cultural. Su definición, su reconocimiento, el hecho de asumirla y su interpretación se fundamentan en los sistemas de valores y de creencias de la sociedad a la cual el individuo pertenece. "¿Cuáles son sus causas?" "¿Cómo debo interpretar tal o cual síntoma?" "¿Cómo debo asumirla?", y, con mucha frecuencia, "¿Por qué yo?, ¿qué es lo que hice…?".

La antropología de la salud nos invita a distinguir dos términos en inglés diferentes para hablar de una enfermedad: *"disease"* e *"illness"*. La primera de ellas evoca la enfermedad en tanto que objeto de la medicina, la enfermedad como es comprendida o explicada por la ciencia, mientras la segunda *(illness)* se relaciona con la enfermedad tal como es vivida por el enfermo. Se trata, desde esta perspectiva, de cuestionar la enfermedad desde el punto de vista del enfermo; en otras palabras, tanto la representación que se hace el enfermo de su estado como la vivencia subjetiva, experimental, de éste. Porque el sujeto elabora, alrededor de su estado, teorías, procede a una verdadera construcción y pasa, de manera inevitable, por una búsqueda de explicaciones, la búsqueda y la atribución de un sentido que responda a la pregunta "¿Por qué?", y, a menudo, "¿Por qué a mí?".

La pregunta de "¿Por qué yo?" se refiere a aquello que los psicosociólogos (Lerner) han identificado como "necesidad de creer en la existencia de un mundo justo". En el nivel de las representaciones compartidas a un nivel social, dicha necesidad tiene éxito en la formación de creencias tales como "las personas obtienen lo que se merecen" o "merecen lo que obtienen". Algunas tradiciones culturales o espirituales ven en la enfermedad (y, más allá de ello, en la adversidad), la manifestación de un desorden que sobreviene en el orden normal de las cosas: alguna cosa se hizo, o no se hizo, y eso introdujo una ruptura, un desequilibrio en la relación entre las personas o entre los seres humanos y el mundo intermedio de lo invisible. En este caso, será necesario reparar lo que se ha fracturado, reembolsar la deuda contraída, para lo cual se utilizan innumerables rituales en forma, por otra parte, eficaz.[1]

Metáfora sobre el sentido de la vida

Dar sentido a la enfermedad o a su vida es una actividad pesada que conlleva consecuencias.

Se presentan muchas posibilidades para quien quiere entrar en uno de esos clubes ingleses, que ya sabemos que son muy cerrados:

---

1. En este aspecto, véase C. Lévi-Strauss, *La eficacia simbólica*

— La primera posibilidad es pagar, muy caro, la adhesión al club, lo que no puede hacerse sin la condición de ser apadrinado por al menos dos de sus miembros.

— La segunda posibilidad es ser integrado por los miembros del club en reconocimiento por alguna acción maravillosa o de alta distinción: Premio Nobel, hechos de guerra en la India, etcétera.

— La tercera posibilidad para entrar al mencionado club inglés es ser el sirviente de los demás, quien sirve el *cherry* o el *brandy*, quien lleva el *Times* y los puros a esos señores.

— La cuarta posibilidad, en última instancia, es la transmisión hereditaria. Se trata de un privilegio que se transmite de padre a hijo.

El club inglés es una metáfora de nuestra manera de estar presentes en este mundo, del lugar que reconocemos que tenemos en éste. Hay personas que creen que para tener el derecho de existir, de vivir en este planeta, deben pagar su tiempo, su dinero, su persona. Deben pagar una deuda, legitimar su presencia.

Otras personas piensan que deben ponerse al servicio de los demás. Su vida no tiene sentido ante sus ojos si no hacen el bien a los demás; en ocasiones, llegan hasta el sacrificio de sí mismos, con una creencia del tipo: "se viene a la Tierra a servir, para hacer el bien alrededor de uno mismo…"; si intenta llevar a cabo la rigidez de este punto de vista, o de ampliar el campo de posibilidades a un nivel de experiencia que se vive, lo cual implica, por ejemplo, que esa persona tiene también "el derecho de vivir, de ser feliz, de, en cierta manera, aprovecharse…", esta persona se arriesga a tener enormes dificultades para acceder a ello. Hay que propiciar que haga un trabajo interior, con mucha frecuencia derivado de la ocasión de un sufrimiento interno (un episodio depresivo, por ejemplo), para comprender que se hace trampa a sí mismo, se frustra y se limita por sus propias representaciones de la existencia. Esta persona debe poder comprender, en primera instancia, que su creencia puede ser el origen de su sufrimiento para poder, después de ello, considerarla como lo que es: una creencia…, una representación personal de la realidad, y no la realidad misma.

Otros están en la Tierra sólo porque su padre, sus abuelos, estaban allí y, de hecho, ellos tienen el derecho de estar en la Tierra, de existir, sin experimentar la necesidad de pagar, de servir, de legitimarse o de probar lo que sea. Simplemente están en este mundo, por pleno derecho, y eso es más que suficiente.

Los sistemas de atribución de sentido

"Una atribución es una inferencia que tiene por objetivo explicar por qué ha tenido lugar un acontecimiento, o incluso, intenta determinar las disposiciones de una persona" (Havey y Weary).

La pregunta "por qué" puede influir tanto sobre nuestros propios comportamientos como sobre los de los demás. La explicación dada se convierte entonces en la causa percibida de un acontecimiento o de un comportamiento y corresponde a una atribución. "Una atribución representa una causa percibida, y tal percepción no asegura en nada la objetividad de la búsqueda atribucional (ésta puede ser errónea)" (J.Vallerand). Las atribuciones desempeñan, entonces, un papel preponderante en nuestras conductas sociales; en efecto, la búsqueda de las causas de nuestras conductas y de las de los demás es una parte integrante de nuestra vida cotidiana. Nos hacemos preguntas acerca de los acontecimientos que nos impresionan y que impactan a los demás y la cultura pone a nuestra disposición los sistemas de creencias, que son respuestas a nuestra necesidad de sentido y de control:

> Las personas sienten una motivación profunda a comprender su ambiente y, al hacerlo, se hacen diversas preguntas relativas a las causas de los acontecimientos y comportamientos observados. Las respuestas (atribuciones) que aportan a esas preguntas las llevan a comprender, a organizar y a concebir las creencias y esquemas que les permiten dar sentido a su ambiente social. De esta manera, el fin fundamental de las atribuciones consiste en permitir a las personas que comprendan lo que sería, sin atribución, un ambiente que contiene un montón de estímulos, con mucha frecuencia, desorganizados. [Vallerand].

Así, los investigadores distinguen dos tipos principales de atribución: las atribuciones de causalidad internas y las atribuciones externas.

Las atribuciones internas

Las atribuciones internas son aquellas mediante las cuales se atribuye la causalidad de un acontecimiento X a factores que emanan de las personas en causa. Se habla de causalidad interna o incluso de factores de disposición. Respecto de las enfermedades, la causalidad interna está, en Occidente, muy extendida. Esta causalidad atribuye la aparición de la enfermedad al estrés, a la angustia, al rechazo de las expresiones emocionales, a la culpabilidad de no haber puesto atención o de haber transgredido una prohibición moral o religiosa, en la cual la enfermedad sería como un castigo expiatorio.

Las atribuciones externas

Por el contrario, las atribuciones externas responden a la idea según la cual el acontecimiento X es el resultado de fuerzas o de determinismos que emanan del ambiente. Se habla, en este caso, de causalidad externa o de factores situacionales. La causalidad externa de las enfermedades se refiere a un origen exógeno: la alimentación, la contaminación, el ambiente, o bien, el azar. Las culturas africanas, por ejemplo, le dan una importancia predominante a las causalidades externas, como los poderes de los demás (brujería, divinidades, espíritus, etcétera), en la interpretación de las enfermedades y de las desgracias. El origen de la enfermedad, de la desgracia o del sufrimiento está siempre afuera, porque esos acontecimientos o esos impactos son siempre entendidos como manifestaciones de una voluntad hostil, situada afuera del individuo.

En otros terrenos distintos al de la enfermedad, por ejemplo, un fracaso en algún examen podría ser atribuido a una falta de esfuerzo o de inteligencia personal (causalidad interna/factores de disposición), o bien al hecho de que el enunciado o tema era demasiado difícil y no correspondía a los acervos (causalidad externa/factores situacionales).

Los psicosociólogos han señalado una tendencia general muy extendida a atribuir los éxitos a causas internas y los fracasos a las externas.

La causalidad interna presenta el efecto de reforzar la ilusión de un poder sobre los acontecimientos. Es un efecto que responsabiliza, pero su contraparte es la culpabilidad.

La causalidad externa le quita al sujeto toda responsabilidad, aunque lo confronta con la angustia de la pérdida de control sobre los acontecimientos.

Ejemplo de implicación clínica: la depresión

En los estados depresivos, se observa una inversión de la tendencia general, con una propensión de las personas a atribuirse a sí mismas la responsabilidad de todo lo que no les funciona bien (causalidad interna), mientras minimizan su implicación en los acontecimientos considerados como positivos, al referirlos a los factores situacionales.

De acuerdo con A. Beck, pionero de las terapias conductuales y cognitivas, el sujeto depresivo se maltrata a sí mismo a través de manejar mal la información; por ejemplo, cuando procede a generalizaciones o cuando se atribuye a sí mismos la responsabilidad de todo lo que no le funciona (personificación).

Sus ideas negativas se dirigen hacia sí mismo, hacia el mundo y hacia el futuro. Esos pensamientos ("cogniciones") llevan en sí la emergencia de una vivencia emocional negativa y dolorosa y la adopción de conductas de repliegue depresivo.

El trabajo terapéutico en este enfoque conduce a interrogar al paciente sobre lo que se dice a sí mismo, en su discurso interno ("pensamientos automáticos"), para colocarse en tal estado de malestar. Es la ocasión de situar los sistemas de atribución utilizados, así como los errores lógicos que están debajo de esos pensamientos, y proceder a efectuar ejercicios de reestructuración cognitiva.

En ocasiones, se emplea un esquema para ayudar a los pacientes y a los terapeutas a situar y a organizar esos datos.

Ejemplo

Situación (contexto)	Emoción	Pensamiento: (discurso interno: lo que me digo para ponerme en ese estado)	% de creencia en este caso	Reestructuración del pensamiento (lo que podría decirme para sentirme mejor en esta situación)	% reevaluado	Emoción reevaluada
Mi hija fracasó en el bachillerato	Tristeza 90% Coraje 20%	Es mi culpa; soy una mala madre	95%	No hay fracasos, sólo aprendizajes	10%	Malestar 5%
El profesor me interroga	Vergüenza 80% Tristeza 50%	Los demás van a pensar que no valgo nada	90%	El aprendizaje se logra por ensayo y error. Estoy aquí para aprender. No saber responder una pregunta no significa que yo no valga nada.	15%	Malestar 5%

La técnica de la "flecha descendente" ("¿Por qué esto es un problema?" o "¿qué conclusión saca usted sobre usted mismo?", "¿qué significa esto para usted?"), mediante el cuestionamiento socrático, permite descubrir los esquemas básicos que organizan las creencias del sujeto.

Las creencias principales que se encuentran entre las personas depresivas tienen características de diversos esquemas. Se trata, sobre todo, de los siguientes esquemas:

— Esquema de amor: "Para ser amado, debo ocuparme de todo el mundo. No puedo tener conflictos con nadie". "Soy desgraciado si no me siento amado de manera incondicional".

— Esquema de perfeccionismo: "Debo hacer a la perfección todo lo que tengo que hacer; si no, no valgo nada".

— Esquema de éxito: "Si no logro el éxito en todo lo que hago, significa que soy estúpido o incompetente".

— Necesidad de ser aprobado: "Tengo el sentimiento de tener valor si (todos) los demás aprueban (todo) lo que hago y lo que digo".

— Derecho a la consideración de los demás: "Es necesario que las personas sean (siempre) amables, honestas, sacrificadas, disponibles... en mi lugar".

— Código moral personal: "Debo ser siempre amable, honesto, sacrificado, disponible; si no, soy un monstruo".

— Esquema de omnipotencia: "Debo ser autónomo por completo. Tener necesidad de los demás es un signo de debilidad y de dependencia".

Como puede observarse, los esquemas cognitivos básicos son, en esencia, constituidos por creencias que llevan a una misma temática. Consideramos que una creencia no es jamás ni verdadera ni falsa. La petición que se hace es, simplemente, saber si es, o no, pertinente, adaptada y funcional. ¿Es coherente con el movimiento incesante de la vida?

Capítulo 6

Creencias y niveles lógicos

La creencia puede ser vivida (bajo forma de pensamiento, de experiencia o en el nivel de los comportamientos que se derivan de ésta) en diferentes niveles de la experiencia del ser vivo.

Gregory Bateson (antropólogo, psicólogo y epistemólogo estadounidense) es a quien se le debe la formalización de lo que se ha llamado los "niveles lógicos. Éstos representan los distintos niveles sobre los cuales se organizan la experiencia y la percepción de la realidad. Representan las diversas dimensiones presentes al mismo tiempo en toda situación y en toda vivencia, sea cual sea; en efecto, toda situación puede ser descrita de acuerdo con ciertos parámetros, que son puntos de vista sobre el mismo objeto:

- El punto de vista del ambiente
- El punto de vista de la conducta
- El punto de vista de las capacidades
- El punto de vista de las creencias y los valores
- El punto de vista de la identidad
- En última instancia, lo que llamamos la misión

Los niveles lógicos presentan un marco de comprensión de la estructura de nuestras experiencias. Es un esquema que nos permite pensar sobre una experiencia en términos de estructura. Milton Erickson, psiquiatra estadounidense nacido en 1902, quien ha ejercido gran influencia en el campo de la psicoterapia contemporánea, ha reflexionado mucho sobre las estructuras de las experiencias humanas para sacar de allí elementos útiles para la terapia. Erickson desarrolló estilos de intervenciones muy sorprendentes, enfocados no sobre los contenidos evocados, sino sobre la estructura que subyace bajo la experiencia. El arte de la metáfora terapéutica, en el cual sobresalió, es un ejemplo notable de intervención sobre la estructura que gobierna una experiencia.

• • •

En cada instante, el ser humano se halla en un entorno, donde adopta una conducta, pone en acción sus capacidades, moviliza sus creencias, asume una identidad e intenta realizar una misión. Por ejemplo, en este momento usted se encuentra en un entorno particular; usted realiza una conducta, que es leer…; usted moviliza sus capacidades de lectura, de aprendizaje, de reflexión. Toda esta actividad está sostenida por una motivación: si usted realiza esto, es porque tiene la creencia de que ello puede resultarle de utilidad. Esta elección responde, también, a sus valores personales, mismos que son fundamentales para usted pues orientan su vida y sus decisiones. Además, sin que se dé cuenta, usted está en el interior de usted mismo, en contacto con su identidad. Por último, está inscrito en una misión que lo conecta con la humanidad, con el universo, y que responde a las preguntas: "¿Por qué estoy en el mundo? ¿Cuál es el sentido de mi vida?". Éste puede consistir en difundir felicidad, en aprender, en acudir a ayudar a los demás, en aliviar el sufrimiento… Es un vínculo con el universo "por arriba", por lo espiritual o existencial, mientras el entorno, el ambiente, es un vínculo "por abajo", con el mundo material perceptible y accesible a los cinco sentidos.

El modo de operar de una creencia es, en ocasiones, establecer un vínculo (causalidad o identidad) entre los elementos a través de señalar los diversos niveles lógicos. Por ejemplo, entre las capacidades y la identidad: "Si no logro aprobar este examen (capacidades), soy mala (identidad)".

Fracaso = ser una nulidad

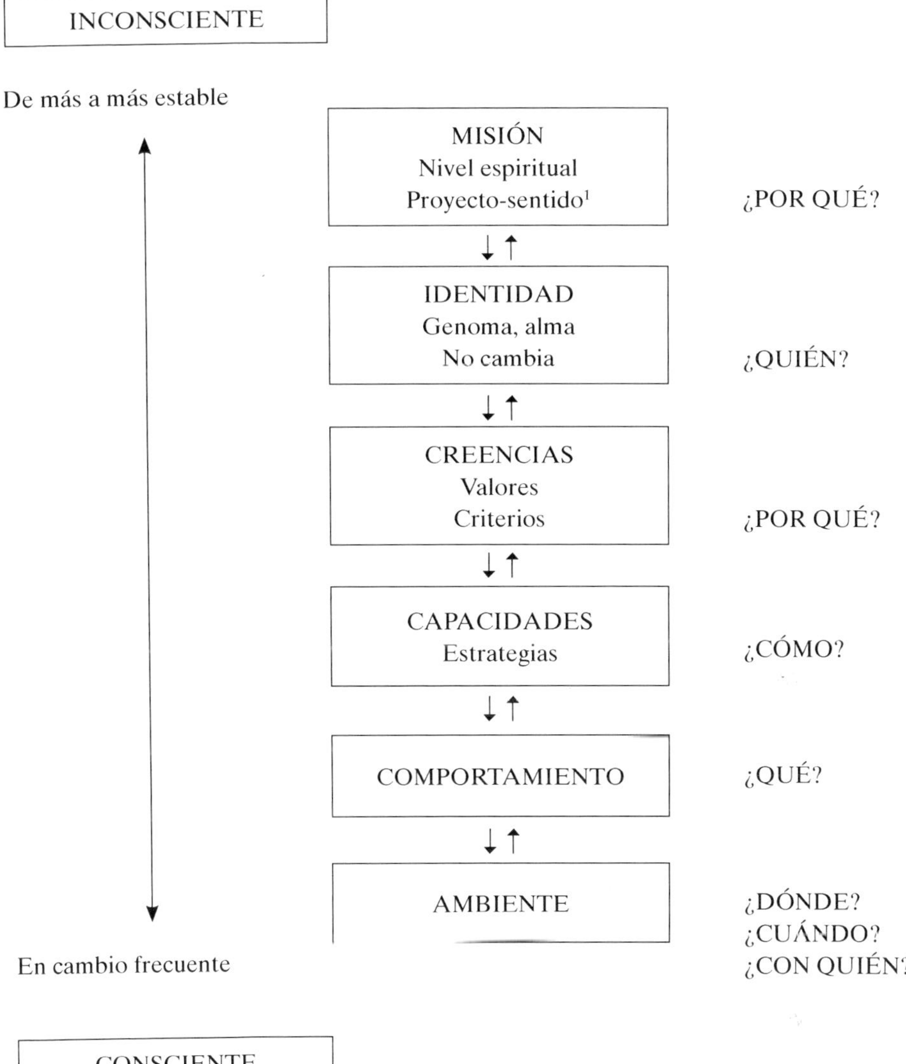

Este esquema ilustra el hecho de que, mientras más descendemos en la escala de los niveles lógicos, más nos encontramos en los niveles conscientes. A la inversa, mientras más nos situamos junto a las creencias y la identidad, más nos relacionamos con asuntos de contenido inconsciente.

---

1. Cf. p. 121.

Uno de los objetivos de una terapia, de un trabajo interior, puede ser permitir al sujeto acceder a las partes no conscientes de él mismo y permitirle tomar conciencia de los procesos y los contenidos que alberga y que, con mucha frecuencia, lo apremian, a su pesar y sin que llegue a comprender la razón. Querer no es poder, a pesar de lo que pretende la sabiduría popular y que no hace con ello sino tranquilizarse y sobreestimar nuestras posibilidades de control y de dominio, y minimizar el impacto de lo que se nos escapa.

Los niveles lógicos

Ambiente

Este nivel permite contextualizar la experiencia, situar los datos externos de la situación. Es importante señalar en qué nivel se sitúa el problema.

Un mismo acontecimiento no tiene el mismo sentido para todos los individuos y dependerá del marco en el cual se desarrolle. En ocasiones, es necesario, en la terapia, volver a situar los hechos en el contexto donde tuvieron lugar, para, por una parte, evitar las generalizaciones y, por la otra, señalar las influencias del contexto sobre los pensamientos y emociones que hayan surgido en esa ocasión.

Seremos cautelosos, sin embargo, en cuanto a indicar las posibles identificaciones con el entorno. ¿Con qué estamos a punto de identificarnos?

Tomemos el ejemplo del corso (o, al menos, de la caricatura del corso o del bretón o del vasco): ¿en qué nivel está bloqueado? ¿En dónde se quedó anclado? Una creencia puede expresarse en términos tales que: es el entorno; allí es donde se identifica, es corso. Si usted hace una casa de hormigón delante de la casa de él, es como si estuviera a punto de ensuciarlo.

Dicho con otros términos, en cierto nivel, nosotros nos definimos en función del entorno donde nos situamos o donde crecimos. "Yo soy bretón" dice mucho más que el simple hecho de haber nacido en Finisterre o en las costas de Armor.

Comportamiento

Otras personas se asocian con su comportamiento. Son personas que se definen en función de lo que hacen. Por ejemplo, cuando un hombre, muy involucrado con su carrera, que no ha vivido sino para ésta, se jubila y, al no realizar esta actividad, puede experimentar un sentimiento de que no existe y desarrollar alguna sintomatología.

En otras palabras, se confronta con una pérdida, con un duelo. En términos de Freud (*Duelo y melancolía*), diríamos que, si sabe bien, a nivel consciente, que ha perdido su carrera, en realidad ignora lo que ha perdido al dejar su actividad: una parte de sí mismo, de su Yo, identificada con esa actividad.

Por su parte, otra persona, a causa de una enfermedad o de una desventaja ("Estoy enferma de cáncer, estoy en desventaja"), no puede tener el mismo comportamiento, se desespera y adopta actitudes de corte depresivo; o bien, después de un despido, siente que no existe más, porque ella está identificada, asociada con su comportamiento ("Soy discapacitada, un peso para los demás..."). Esta persona está fijada al registro del hacer, del actuar, del comportamiento. "Nuestros actos nos comprometen"; "es malo mentir"; "lo que uno hace es lo que uno es en realidad"; "soy una mala madre", etcétera, nos expresan algunos pacientes.

En ocasiones, las creencias que nos llevan a los comportamientos son supersticiones. "Si rompo un espejo, voy a tener siete años de mala suerte"; "si paso debajo de una escalera...".

Detrás de cada uno de nuestros comportamientos, hay una o varias creencias que pueden ser limitantes, que entrañan desventajas, o, por el contrario, que son dinámicas y generadoras de creatividad.

Capacidades

Otras personas se identifican con sus capacidades: lo que cuenta para ellas es ser capaces de reflexionar, de aprender, de correr rápido... Por lo general, viven mal su vejez o la discapacidad porque, al perder una parte de sus capacidades, lo que pierden es una parte de su identidad y deben realizar un duelo.

Ejemplos de creencias relacionadas con las capacidades: "Jamás seré capaz de crear música"; "soy incapaz de hablar en público"; "no logro hacer este ejercicio, soy un incapaz, jamás llegaré a nada"; "no logro asumir las tareas cotidianas, debería meterme en el bote de la basura".

Creencias, valores

Algunas personas se identifican con sus creencias, ya sean morales, médicas, políticas, religiosas o de otro tipo, y lo hacen de manera dogmática. Erigen sus valores sobre normas y confunden creencia y verdad. "Fulano no tiene las mismas creencias que yo; por tanto, está equivocado". Pero eso también es evidente que es una creencia. Y esas personas muy dogmáticas, muy aferradas a sus certidumbres, pueden convertirse en gente muy agresiva o deprimirse si alguien confronta sus certezas y las lleva al estatus de simples creencias. Esas reacciones se explican en el hecho de que, en los niveles lógicos, se llega a zonas muy profundas, muy cercanas a la identidad. Cuando eso les sucede, esos individuos se sienten sacudidos, confrontados o amenazados en lo que piensan que constituye los fundamentos de su identidad. Es posible que sientan una necesidad imperiosa de creer lo que creen porque sus bases narcisistas son frágiles y poco seguras y sus creencias desempeñan la función de un marco interno de protección. Se apoyan en certezas fuertes, estables e inquebrantables porque se sienten muy poco seguros de sí mismos.

Ejemplos:

"¡No debes hacer esto, no debes hacer aquello!"; "debemos amar a nuestros hermanos y hermanas"; "en la vida, se debe ser generoso, dar sin esperar nada a cambio"; "sé buena con mamá, ¡si no…!". Todas estas exhortaciones nos dan forma, nos estructuramos sobre ellas y, casi siempre, nos sentimos muy mal al descentrarlas y relativizarlas. La forma como nos pensamos a nosotros mismos y al mundo, como nos lo representamos, depende de manera directa de nuestros valores y nuestras creencias.

Identidad

La identidad corresponde a nuestra personalidad real. Responde a la pregunta "¿quién soy?". Es, podríamos decir, lo que nos mantiene estables a través de los cambios y transformaciones de nuestra existencia. Puede resultar bastante difícil saber y decir quiénes somos sin hacer, en forma automática, referencia a los otros niveles lógicos.

El concepto de identidad se relaciona con la percepción y el reconocimiento de lo que somos, para nosotros mismos o para los demás. La identidad se ubica en oposición a lo que no somos: el no ser. A pesar de que el ser es interno al sujeto (el *sí*), de igual modo está en interacción con el exterior (el *mí*). La identidad personal, eminentemente subjetiva, hace ver al sujeto lo que tiene de único, en su propia individualidad.

La identidad es un sistema paradójico: es, a la vez, estable y dinámico. Es, en efecto, un proceso de autopercepción, de representación y de sentimiento de sí (llamada conciencia de sí), y es una estructura psíquica que permanece estable y, sin embargo, está en construcción permanente. De acuerdo con Leanza y Lavalee, "es con esta estructura interna con la cual el sujeto va a considerar no sólo su propia persona, sino, de igual manera, el mundo que lo rodea". El principio de estabilidad y de constancia no debe ser entendido en forma rígida y fija, sino de manera evolutiva, dialéctica y dinámica. Es, por decirlo de algún modo, un principio de cambio en la continuidad que moviliza una dinámica de integración (asimilación) y de adaptación (acomodación) permanente.

Asimilación y acomodación

Piaget hizo evidente un proceso doble que sostiene el desarrollo cognitivo del niño a través de las diferentes etapas por las cuales atraviesa. Llamó "asimilación" y "acomodación" a estos dos movimientos.

La asimilación es un proceso de tratamiento de la información que permite al sujeto modificar las informaciones que recibe del mundo exterior con el fin de hacerlas entrar en esquemas internos previos. Es, por así decir, una transformación del objeto externo con la intención de poder integrarlo, asimilarlo y digerirlo en el mundo interno.

Este fenómeno tiene su compañero inverso: la acomodación. La acomodación es una modificación de esquemas internos para poder introducir nuevos datos, derivados de la percepción o de la experiencia.

El ser humano, como el vegetal o el átomo, está integrado por elementos estables e inestables. Un ser que sólo fuera estable sería semejante a un mineral resistente que no se adapta al exterior. Es el exterior el que se adapta a éste. Una roca de sílex tiene una estabilidad muy duradera y los vegetales, para crecer, deben rodearla.

Existen elementos estables que trascienden el tiempo. Un poco como el esqueleto, duro, mineral. En el plano de la personalidad, un individuo que fuera sólo estabilidad sería psico-rígido, obsesivo, conservador, tradicionalista: un fósil amarrado a los valores del pasado, imposibilitado para adaptarse a lo real, vivo y en movimiento. La vida demanda una adaptación renovable, que no cesa. Vivir es adaptarse, es cambiar. "Sólo el cambio es constante", decía Buda.

En el otro extremo de esta posición rígida, hay personas que se mueven, inestables, lábiles, que se adaptan de manera permanente al ambiente y a lo que éstas perciben como los deseos y los valores de los demás. Se mueven sólo con base en la flexibilidad y son muy influibles. Son personalidades que pueden volverse muy dependientes del ambiente. Su referencia es externa. Estas personalidades corresponden a una etapa del desarrollo donde el otro, al inicio de la vida, es quien nos hace existir. Es la mirada de la madre, su atención, sus caricias, o la voz de papá lo que nos hace ser o nos permite tener conciencia de ser. Tenemos necesidad del otro para ser conscientes de ser lo que somos.

Para parafrasear a Sempé,

> al principio no tenía conciencia de ser yo, por lo cual coloqué toda mi confianza en Ti (padres, institutriz, camarada, grupo, Dios...). Y mientras más tuve confianza en Ti, más te permitía tener confianza en mí. Y, al saber que tú tenías confianza en mí, me permití tener confianza en mí; por tanto, conciencia de mí. Y mientras más conciencia de mí tuve, en mi interior menos necesidad tuve de ti y de tener confianza en ti...

Hay un distanciamiento, un discernimiento que indica que el otro no es yo, un paso progresivo de una modalidad relacional basada en la fusión (confusión, no-diferenciación, no integración de las fronteras), a la alteridad. La separación es la etapa ineludible del reencuentro con el otro.

En este nivel de identidad, puede situarse lo que se llama "el alma"; es decir, lo que somos, en última instancia, más allá o de este lado de la suma de esas identificaciones con nuestras creencias, con nuestros comportamientos y con nuestro ambiente.

La identidad es un poco como el código genético de la personalidad; está del lado del ser.

Las creencias llevadas a este nivel lógico son pensamientos enunciados en primera persona: "YO soy malo…, culpable…, dañado…, una mala madre…". "YO no tengo derecho a la felicidad", "YO debo pagar una falta pasada".

Ejemplo: adopción y filiación

Los niños adoptados que descubren que sus padres no son "sus verdaderos padres biológicos", dicho de otra manera, sus progenitores, pueden vivir verdaderos y dolorosos conflictos de identidad, y éstos serán más difíciles mientras más fuerte sea su identificación con el ambiente.

Existen personas que se identifican en su relación con otra, por ejemplo, en la relación con un progenitor. Para presentarse, dicen: "Yo soy el hijo de fulano de tal; el yerno de sutano". En el servicio hospitalario donde trabajaba una persona cercana, llegó a consulta una sobrina del general De Gaulle.

Cuando esta mujer llegó al servicio, no era la señora X quien fue a consulta, sino "la sobrina del general". Esta mujer estaba identificada con esta ascendencia indirecta. La prima de María Dupont, ¡es seguramente mucho menos portador! (no tiene o no le encuentro el sentido). Somos, claro, el hijo o la hija de un padre y de una madre, y éste es un vínculo muy importante. Es un lazo que nos permite construirnos y estructurarnos. Es muy fácil identificarnos con esta relación, pero puede volverse tan estructurante que ya no seamos más que eso: identificados con una relación, un papel, un miembro de una raza, un estatuto.

Algunas personas, muy involucradas con la espiritualidad, no se definen sino a través de su identidad como hijo o hija de Dios, fuera de la cual sólo se perciben como nada, una abyección, "un miserable aborto" (San Pablo) u otros "pequeños nada" (Bienaventurada Maryam, carmelita).

Ciertas creencias tocan, no obstante, la esfera del ambiente o la del comportamiento; otras, van hacia la identidad y los valores fundamentales. Estas últimas están afianzadas en la historia del sujeto y son mucho más sólidas. Tales creencias estructuran la vida intrapsíquica y relacional.

Estabilidad e inestabilidad de los niveles

Sabemos que podemos identificarnos con uno o con otro de estos niveles lógicos y, al saber que son movibles (del ambiente a las creencias), nuestras identificaciones también son movibles. Una de las consecuencias es que nuestra felicidad escapa a nuestra voluntad, a lo que se halla bajo nuestro control. Si el mundo cambia, nosotros también; todo va mal, nosotros también… ¡A menos que no nos identifiquemos más que con nuestra identidad!

El ambiente modifica a gran velocidad. Usted está ahora allí, donde usted está. Pero, ¿dónde estaba usted hace una hora, o hace 24 horas? Aquí o allá; sin embargo, usted conserva la misma identidad.

El comportamiento que usted puede tener ahora, en este momento, no es el mismo que el que usted tendrá una vez que haya terminado de leer este libro.

Nuestras capacidades se transforman, evolucionan, se desarrollan o se degradan. Es probable que usted tenga más capacidades hoy que hace tres años. Deseamos que este libro enriquezca sus capacidades.

Asimismo, nuestras creencias evolucionan, se transforman, mutan. Al ser adultos, ya no creemos en Santa Claus, ya no tenemos las mismas creencias que tiene un niño. Las creencias religiosas pueden, de igual manera, evolucionar al nivel personal o social; las creencias políticas, sociales, filosóficas, etcétera, se elaboran poco a poco, evolucionan, se desarrollan. Lo que para usted era relevante hace algunos años, en un contexto determinado, hoy puede parecerle irrisorio o excéntrico; en fin, totalmente obsoleto.

La identidad es, en última instancia, lo que permanece, lo que es estable, más allá de las creencias, de las capacidades, del comportamiento o del ambiente.

Misión y "proyecto-sentido"

"Me dijeron que era el hijo del hombre y de la mujer; yo creí ser aún más". (Lautréamont)

La misión se relaciona con el sentido que tenemos de nuestra existencia, de nuestro lugar en el mundo y de lo que creemos a propósito del ser humano, de su dignidad, de lo que fundamenta sus derechos y obligaciones. Es, también, entre otras cosas, el ámbito de la espiritualidad.

Pueden darse patologías provenientes de ese nivel. De lo que llamamos, de acuerdo con el psicólogo Marc Fréchet, el "proyecto-sentido". A menudo, nos encontramos en nuestros consultorios con personas que sufren el hecho de estar muy identificadas con el proyecto-sentido de sus padres.

El proyecto-sentido como origen de una creencia
vinculada con nuestra identidad

En el momento de una terapia, una hipnosis o el discurso del paciente hacen que en ocasiones surja el hecho de que lo que el sujeto es, en verdad no lo desea él mismo, sino sólo en función de una misión, un papel asignado en forma inconsciente por sus padres. Desde que fue concebido, el individuo parece estar marcado por el fuego del deseo de sus padres, de sus proyectos, de sus conflictos o de sus heridas, ya sea que éstos se sitúen en su historia personal o transgeneracional. Marc Fréchet denomina a esto el "proyecto-sentido", que puede ser al mismo tiempo una riqueza o un yugo del que quizá sea necesario liberarse para poder así descubrir su verdadera identidad.

De acuerdo con esta perspectiva, existe un proyecto parental inconsciente en el origen de toda concepción. Marc Fréchet mencionaba que el bebé es un *jet*, pero que, incluso antes de ser un *jet*, era ya un *pro-jet*. Antes de ser concebido, era una idea pre-concebida. En otras palabras, no hay concepción si no hay un deseo de concepción que la sostenga. Pero ese deseo, que corresponde a un proyecto de los padres, puede haber sido el objeto de un rechazo y haber caído así en el inconsciente.

Un padre, huérfano (imaginario o real) de padre o de madre, puede concebir un hijo con el proyecto-sentido de tener un padre o una madre de reemplazo. Es algo que observamos con mucha frecuencia. Un hombre, de quien el padre partió sin dar noticias, tenía el proyecto inconsciente de "hacerse un padre". Hay aquí cierto aspecto relacionado con la orden de reparación del vínculo paternal, que se inscribe a un nivel lógico en un escenario fantasmagórico del tipo "un niño fabrica un padre". Al traer al mundo a un niño, al convertirse en padre, el sujeto restaura un vínculo ausente o perdido.

• • •

Es interesante hacer notar que los chinos consideran que el inicio de la existencia de un individuo no en su nacimiento ni incluso su concepción, sino tres meses antes.

El hecho biológico, el acto sexual, no son suficientes para explicar la concepción. Hay tantas mujeres que desean hijos y que son estériles y tantas otras que no los desean y que se embarazan… Hay algo que es más fuerte que el deseo consciente y que reside en la fuerza del deseo inconsciente.

En raras ocasiones manejamos de manera consciente nuestro vehículo; con frecuencia, somos los pasajeros de nuestra vida: nuestro inconsciente es quien tiene el volante. Freud expresó esta realidad cuando escribió que "El Yo no es dueño de su residencia", y que la toma de conciencia de este hecho constituye una verdadera herida narcisista. La terapia debe permitir la comprensión de quién maneja el automóvil y, en seguida, volver a tomar el mando.

> Aquí tenemos el ejemplo de una mujer cuyo marido se marcha todos los fines de semana con sus amigos. Ella se siente sola. En ella existe ese proyecto de contacto con su marido. Es un proyecto invisible. En eso, queda embarazada. El niño va a ser la solución del conflicto de la madre en este periodo. La mujer desea el contacto y concibe un hijo. De manera inconsciente, en el óvulo está presente este proyecto, al cual va a responder el niño. El niño es "el realizador", el reparador. Este niño, a quien tuve de adulto en terapia, tuvo precisamente oficios de contactos. Su vida traduce ese proyecto que él mismo va a concretizar.

Entonces, ¿en qué medida estamos determinados por los proyectos de nuestros padres? Es necesario comprender bien que esta "determinación" puede ser una oportunidad, ya que lo que se transmite son soluciones ganadoras, soluciones de supervivencia. Para esta mujer, en el momento de la concepción, sólo había una cosa que contaba y era el contacto. Ella transmitió a su hijo este valor, la importancia del contacto y la relación, no como una tara, sino como un tesoro.

Ahora bien, si el proyecto-sentido de los padres puede ser un valor, una solución de supervivencia, también puede ser limitante. El niño es la solución de los problemas, de los conflictos, de los deseos de sus padres. Heredamos alguna cosa, se hereda una memoria, una historia, secretos de la familia... Los hay buenos y no tan buenos; es decir, menos adaptados, o los que se volvieron obsoletos. Hay un proyecto-sentido que puede ser vivido en forma positiva o negativa.

Marc Fréchet no hablaba de leyes ni de determinismos sino de inclinaciones. Como consecuencia, su planteamiento terapéutico tenía por objeto permitir a la persona, a través de la toma de conciencia, la actualización de realidades psíquicas familiares escondidas en la sombra del inconsciente para que el individuo se liberara. Al adquirir conciencia de nuestro proyecto-sentido, estamos en libertad de mantenerlo o de eliminarlo.

Recibí en terapia a una mujer quien, desde el inicio de su matrimonio, deseaba un hijo. Su marido no lo deseaba. Tras hacer a un lado la espera de un cambio por su parte, mismo que en realidad no llegaba, y movida por ese fuerte deseo del hijo, partió: se fue con otro hombre con quien, durante tres meses, sufrió mucho pues añoraba a su marido. Cuando el marido se dio cuenta de la situación, le dijo: "De acuerdo, tendremos un hijo, pero regresa y no vuelvas a irte porque yo te amo". Ella aceptó y concibieron un hijo. El proyecto-sentido que transmitió el padre a su hijo en su semen era algo así como: "Deseé tanto que ella no volviera a marcharse, que no se moviera, que no se desplazara". El niño nació paralítico.

Debemos distinguir bien la intención del proyecto, intención que es positiva, del medio que se pone en práctica para obtenerlo. Para este hombre, la intención no consciente era evitar el movimiento, el desplazamiento, el alejamiento. Es una intención positiva porque, en su sistema de creencias:

Movimiento = sufrimiento, tristeza, depresión

La intención positiva es no sufrir. El medio es deplorable, pues este niño jamás se movió.

El aborto es, por lo regular, la consecuencia de la confrontación entre deseos conscientes e inconscientes. Hay mujeres que a un nivel inconsciente desean un hijo para marcharse de la casa de sus padres. Este niño representa la libertad… Pero, cuando llega, representa dificultades, repetición, nueva familia. La mujer se convierte en madre, como su propia mamá. En el nivel inconsciente, en el proyecto, quería un hijo para marcharse, pero en el nivel consciente, desde que tiene un niño, se siente prisionera… Este tipo de conflicto puede impulsarla a interrumpir su embarazo.

¿Puede uno liberarse del proyecto-sentido de los padres?

Con excepción del periodo de dos años y medio/tres años y después la llegada de la adolescencia, hacia los doce o trece años de edad, el niño es una pantalla sobre la cual los adultos proyectan sus recuerdos, sus sufrimientos, sus deseos. Si los padres tienen claros sus proyectos, o si pueden proyectarlos hacia otra parte, por ejemplo, con el terapeuta, ellos podrán ver a su hijo como lo que es.

El "proyecto", el niño, hasta ese momento es un objeto, un "obediente". Tratará entonces de pasar de objeto a sujeto; es decir, a "jet-su", un "yecto" que sabe, que tiene conciencia y conocimiento de sí mismo y de su propio deseo. Ese paso de objeto (del deseo de los demás) a sujeto (de su propia existencia) es el objetivo de toda psicoterapia: liberarse del proyecto de sus padres, de sus ancestros, de sus abuelos... Para lograrlo, puede ser necesario un acompañamiento personal, una terapia. Pocas personas consiguen encontrar solas su proyecto-sentido.

Desde esta perspectiva, la terapia puede afectar a algunas personas que sufren una forma de chantaje afectivo según el cual, si no se es el objeto de papá y mamá, se está en riesgo de perder su amor. Aquí, estas personas deben tomar conciencia de que los padres no los han amado nunca como sujetos. Se hablará más bien, en ese caso, de amor narcisista. Cuando tienen un hijo-objeto, no es al hijo a quien aman los padres, sino a ellos mismos, o a aquello que hubieran querido ser; un niño ideal, reparador de sus heridas narcisistas o incluso percibido como una extensión de ellos mismos ("pseudópodo narcisista", diría Freud).

El psiquiatra infantil Serge Lebovici estimaba que una mujer estaba siempre embarazada de dos niños al mismo tiempo:

— del que lleva en su vientre y

— el que lleva en su espíritu: el niño imaginario que ella se representa.

Este niño fantasmagórico es el portador de sus proyectos, fantasmas y deseos.

Si algunos autores (Karl Abraham) se han referido al traumatismo que representa el nacimiento para el niño, habría también, por el lado de los padres, y de la madre en particular, un *shock*, una confrontación entre el niño real y el niño imaginario, misma que deberá ser objeto de un duelo. Cuando todo transcurre bien, ese duelo se hace pronto y puede incluso pasar inadvertido, o bien, puede resolverse con tranquilidad en el transcurso del desarrollo. El niño puede entonces crecer y desarrollarse, porque no está presionado, porque hay un espacio favorable y suficiente que le brinda esa posibilidad. No obstante, puede hallarse con dificultades, puntos de obstáculos o zonas de cristalización. El espacio puede ser invadido por los deseos, proyectos o conflictos no resueltos de sus padres, hasta el grado en el cual el niño no tiene otra posibilidad que la de identificarse con éstos, la de integrarlos como elementos constitutivos de su propia personalidad.

Con mucha frecuencia, la crisis de la adolescencia representa el momento en el cual emerge su propio proyecto. Es una fase decisiva en el proceso de individualización. Puede manifestarse en ese momento un conflicto entre dos proyectos: el de los padres y el del hijo. Si todo se desarrolla bien, el proyecto personal del sujeto es el que se vuelve dominante, el que toma el relevo, orienta sus elecciones y sus decisiones, mientras el de los padres se desvanece, desaparece poco a poco. El niño debe recibir el permiso de rebasar a sus padres, de hacerlo mejor o menos bien, de ir más lejos, de manera distinta y en otro ámbito. En algunos casos, el adolescente no se atreve a oponerse y vive, así, el conflicto en el interior de sí mismo, con angustia y culpabilidad si va en contra del proyecto de los padres, y puede caer en depresión si renuncia a sus propios deseos. Está atrapado en una tensión doble.

En la crisis de la adolescencia, a menudo se observa que el joven arrasa con todo. Se opone, se rebela, se enfrenta a una herencia que vive como limitante y amenazante para su propia identidad. Si se opone en forma ruidosa, incluso violenta, es muy común que se sienta frágil y perplejo en cuanto a sus propias capacidades de autonomía. Pero, cinco o diez años más tarde, se le verá hablar como su padre, a quien, sin embargo, había rechazado con violencia unos años antes. Manda todo a paseo para, en seguida, recuperar lo que le interesa, aquello en lo que se reconoce o aquello que no pudo eliminar. Existe lo que rechaza a nivel consciente y lo que mantiene en el inconsciente en términos de aprendizajes y de identificaciones.

Se trata, con ello, de superar el proyecto-sentido de nuestros padres para crear nuestro propio proyecto-sentido personal. Es el sentido de la individualización y de la autonomía.

Misión transgeneracional

Llevamos en nuestro inconsciente residuos no resueltos de la historia, consciente o inconsciente, de nuestros ancestros. Jung escribía que "lo que no ha llegado a la conciencia regresa bajo la forma de destino". Desde una perspectiva transgeneracional, por lo regular constatamos en psicoterapia que los elementos no dichos, no elaborados (por ejemplo, los secretos de familia), regresan a la vida de nuestros pacientes, en ocasiones de manera apremiante. El trabajo psíquico, que es un trabajo de transformación, de simbolización, en esos casos, no ha tenido lugar. Los contenidos inconscientes duros, que pueden parecer extraños a ese individuo mismo que los lleva consigo, aparecen de modo repetitivo.

Es así que algunas corrientes de psicoterapia hacen pensar que los exorcismos o los cuerpos extraños albergados en la mente deben ser expulsados, reenviados al lugar de donde provienen. Cuando trabajamos con la historia transgeneracional, nos encontramos con una memoria que tiene su origen mucho más atrás de nuestra concepción. Entramos en contacto con otra persona dentro de nosotros mismos. En ocasiones, tenemos la impresión de que las cosas fueron decididas e impuestas por alguien más.

Algunos ejemplos clínicos

Un campesino que recibí para terapia quería un hijo. Tuvo una niña, después otra. ¡Tuvo en total ocho hijas! En el nivel consciente, deseaba un hijo. Pero en otro nivel, cuando, años más tarde, lo interrogué, expresó lo siguiente: "En realidad fue mejor que fueran niñas, porque cuando se es niño en el campo, es muy duro". A un nivel inconsciente pensaba que era mejor tener niñas.

Existía un antagonismo, un conflicto entre un deseo inconsciente (tener un hijo) y lo que fue en términos de elección inconsciente (tener una niña). Cuando existe un conflicto entre estas diferentes instancias, el inconsciente es siempre el que determina el resultado.

La concepción se rige por conceptos inconscientes. Sucede lo mismo con muchos casos de esterilidad; en el nivel inconsciente, es preferible no tener hijos.

Más aún, no es un error sino una solución de supervivencia, la conclusión fija de un aprendizaje anterior.

Una paciente había perdido a su hermana y a sus sobrinos en un accidente automovilístico. Algunos años más tarde, se casó y quiso tener hijos. Pero el inconsciente llevaba consigo la marca de este trauma: sabía que, cuando se tienen hijos, pueden morir... Entonces, se volvió estéril, pero esta esterilidad era de tipo psicógeno. Cuando tomó conciencia de los contenidos de su inconsciente y se liberó de éstos en el curso de un trabajo sobre sus representaciones, concibió tres hijos de manera natural.

Al no querer más hijos después del primero, otra mujer quiso colocar en su cuerpo un dispositivo especial para no concebir, pero su cuerpo lo rechazaba una y otra vez. Fue necesario aplicarle anestesia general para colocárselo. En su proceso de terapia, apareció que tenía, en el fondo, un deseo inconsciente muy fuerte de tener otro hijo, alimentado por la idea de que ella había fracasado en la educación del primero. Estimaba que se había ocupado mal de su primer hijo y se lo reprochaba. A un nivel inconsciente, ella deseaba un segundo hijo para probarse a sí misma que era capaz de hacerse cargo de un niño, y para reparar algún aspecto de la relación madre / hijo en el cual se consideraba débil y culpable; no obstante, en el nivel consciente, antes de haber desentrañado los elementos de su historia, un segundo embarazo era algo sin sentido: ella no quería otro hijo.

Una mujer, originaria del centro de Francia, se sometió a una ligadura de trompas de Falopio para no tener hijos. A pesar de esta cirugía, quedó embarazada. Al operarla, los médicos se dieron cuenta de que su cuerpo había fabricado el equivalente a una nueva trompa que hizo una derivación debajo de la ligadura. Había un deseo inconsciente poderoso en extremo.

Un hombre se había sometido a una vasectomía; sin embargo, a pesar de ello, después su mujer quedó embarazada. Con toda justicia la atacó, seguro de que su mujer lo había engañado, pero, como en el caso precedente, exámenes médicos permitieron darse cuenta que él había "fabricado" conductos seminales de nuevo y que él era el real y seguro padre.

Misión y espiritualidad

El proyecto humano viene del pasado; el proyecto divino, al menos para aquellos para quienes esta noción es significativa, de una o de otra manera, está orientado hacia el futuro.

En los textos sagrados, en la Biblia, por ejemplo, observamos que Dios cambia el nombre de sus elegidos: Abram se convierte en Abraham; Jacob se convierte en Israel (Génesis 32), Simón se convierte en Pedro (Cefas). Ellos se convirtieron en un proyecto.

El Evangelio de Juan cuenta la historia de un hombre ciego de nacimiento (Jn. 9, 1-4). "¿Por qué? ¿Cómo es que sucedió?", le preguntaron a Cristo. "¿Acaso fue porque quizá pecó, o sus padres pecaron?". "¿Fue acaso su culpa?". Claro que hay una razón, pero para Dios no es importante: "Es para que la gloria de Dios se manifieste", respondió Cristo, antes de devolverle la vista. Dios se orienta hacia el futuro.

En el caso de Juan el Bautista (Luc. 1, 60), su madre, Isabel, proclamó: "Se llamará Juan", y no "Lo llamo Juan". El proyecto de Dios es suficiente. Casi no existe un proyecto humano y el padre guardó silencio. Es interesante a un nivel simbólico: el padre no tiene un proyecto para este niño, no hay ninguna palabra sobre Juan el Bautista. No habla, está mudo. No va a imponer su proyecto.

En la superficie está el proyecto humano, la reparación de conflictos, la biología y todas las cosas buenas que transmiten los padres; pero, como ya hemos dicho, con frecuencia los hijos son soluciones a los problemas de los padres. Si el proyecto-sentido de nuestros padres nos condiciona, nos aprisiona a veces, el deseo o proyecto divino es liberador porque es desinteresado y no busca resolver conflictos o satisfacer necesidades.

El proyecto divino es, a la vez, idéntico para todos los hombres en tanto proyecto de amor, y, al mismo tiempo, es personalizado. Está orientado hacia el futuro, en nuestra originalidad, más allá de papá y mamá: "antes de formarte en el vientre materno, te conocí; antes de que salieras del seno, te consagré", anunció Dios al profeta Jeremías.

Cambia el nombre de los religiosos, de los papas y, en la Biblia, el de Abraham y el de tantos otros… Da otra pertenencia, otra paternidad que mira hacia el futuro, hacia la misión, y no hacia el pasado y la reparación. Puede, de hecho, elegir a los pecadores, como Moisés, quien es un asesino, o Pedro, un renegado, porque Él no ve hacia el pasado: "He aquí que yo hago toda cosa nueva", dice el Cristo del Apocalipsis.

Terapia y niveles lógicos

En el campo terapéutico, una de las actitudes esenciales es no adelantar demasiado a los pacientes. Debemos permanecer vigilantes en extremo para no sustituir con nuestro propio proyecto al proyecto-sentido de los padres. Uno de los principios fundamentales de la psicoterapia es la neutralidad bienhechora, benévola; esta disponibilidad extrema que consiste en observar a nuestros pacientes, según la expresión del psicoanalista inglés W. Bion, "sin deseo".

Se trata simplemente de acompañarlos, sin miedo, en sus recuerdos, sus sufrimientos y sus creencias, tan lejos como puedan llegar en ese preciso momento de su vida, y sin confundir lo que es bueno o malo para nosotros con eso que nos parecería bueno o malo para ellos. Debajo de la benevolencia puede existir una gran violencia al querer transformar al otro, por ejemplo, en eso que nos interesa aquí, en querer liberarlo de sus creencias. Es un poder ejercido sobre el otro; nuestro narcisismo y nuestros fantasmas de todopoderosos están allí implicados de manera directa. También, es indispensable, como acompañantes, cuestionar siempre nuestros deseos en nuestro propio trabajo sobre nosotros mismos o en el ámbito de una supervisión.

Las personas que recibimos pueden ser creyentes y, al mismo tiempo, estar desconcertadas por todos esos intermediarios, esos contaminantes, esos parásitos humanos, psicológicos, hereditarios. Como ellos van a liberarse de todo lo anterior con un terapeuta, ese proyecto divino va a desplegarse sin que uno tenga mucho qué hacer, pues no se trata de fabricar algo. Se trata, para el terapeuta, de desentrañar, de crear las condiciones favorables para que la semilla fructifique, pero no es él quien inventa la semilla; en otras palabras, se trata de proponer un espacio no limitante, favorable, donde el sujeto pueda ir, sin sentirse demasiado amenazado en sus equilibrios interiores, al encuentro consigo mismo y allí desarrollarse.

Numerosas personas abordan la terapia con el proyecto de querer cambiar el ambiente: "Si sólo mi madre me comprendiera…" "Si mi padre estuviera menos limitado…", "Ah, si mi jefe me aumentara…", etcétera. Se enfocan en un aspecto de la situación, en un nivel lógico, y hacen a un lado todos los demás. Piensan que su bienestar y crecimiento personales dependen de la calidad o de las respuestas del ambiente.

Otros buscan obtener un cambio personal en el campo de la conducta, pero no quieren tocar sus sistemas de creencias.

Se trata, entonces, en la terapia, de observar dónde se sitúa el problema y luego intervenir (en términos de niveles lógicos) en la etapa superior, y jamás en la etapa inferior (cf. Esquema de niveles lógicos, p. 113). Sin embargo, la mayor parte del tiempo las personas esperan cambiar su conducta y evitan someter sus creencias a cuestionamientos. En otros términos, evitan enfocar sus evidencias. "Quiero cambiar, pero, sobre todo, ¡no toquen nada!".

Mientras más ascendemos en los niveles lógicos, más tocamos la intimidad de la persona y más nos acercamos al núcleo más profundo en la personalidad, lo más estable, lo más fijo, lo más anclado… Como acompañantes, lo anterior exige gran atención, mucha sensibilidad y delicadeza, grandes cualidades de escucha, de respeto al otro y de tolerancia a la frustración. En tanto abordamos las creencias, los valores o los criterios, tropezamos con las resistencias, con los mecanismos de protección del Yo. En esa profesión, los terapeutas están para escuchar y para respetar. Existe, no obstante, una resistencia al cambio, lo cual es normal y saludable porque, si cambiáramos de creencias todos los días, estaríamos reventados, sin referencias y sin coherencia interna.

El cambio implica delicadeza y perspicacia, exige que el paciente se sienta en verdad respetado, acogido y comprendido. Es mucho más fácil cambiar de oficio, de casa o de ambiente que modificar creencias.

Capítulo 7

Creencias no estructurantes y creencias estructurantes

Definiciones

Una nueva distinción nos permitirá precisar y comprender mejor el funcionamiento de las creencias. Se trata de diferenciar lo que llamamos las creencias no estructurantes y las creencias estructurantes.

A. Las creencias no estructurantes

Las creencias no estructurantes actúan sobre aspectos, temáticas o cuestiones relativamente superficiales que no implican al sujeto de manera profunda en su relación con el mundo o consigo mismo. No se trata de creencias existenciales ni particularmente angustiantes. No actúan sobre los valores fundamentales y no tocan la identidad, la organización profunda o la estructuración de la personalidad. Conciernen más a la corteza que al núcleo. La persona puede abordar sus creencias y transformarlas con relativa facilidad.

Ejemplo:

> Un niño piensa que su madre siempre tiene razón. Un día, en un contexto determinado, se da cuenta de que su madre se equivocó. Puede muy bien sobrevivir a esta experiencia, sin sentirse particularmente perturbado ni desorganizado, de acuerdo con su grado de desarrollo y de individualización y según la calidad de su relación consigo mismo: "Mi madre se equivocó, pero eso no daña para nada el amor que nos tenemos ni mi sentimiento de seguridad...".
>
> Por el contrario, para otro niño todavía muy anclado en la infalibilidad maternal, las cosas tomarán otra dimensión: "si ella se equivoca, me siento amenazado, no tengo una referencia verdaderamente fiable, estoy en peligro o corro el riesgo de no ser amado". Aceptar que su madre puede equivocarse, o cambiar de creencia, puede implicar una reorganización muy importante y brutal de las representaciones que el niño se hace de sí mismo y de su madre y, en ocasiones, puede involucrar para él una amenaza de hundimiento, la aparición de efectos depresivos o de manifestaciones de ansiedad.

La creencia no estructurante se ubica en un individuo que ya ha vivido experiencias positivas previas.

B. Las creencias estructurantes

En cuanto a las creencias estructurantes, son fuertes del anclaje de la precocidad. Aparecen en un individuo como consecuencia:

— de un periodo relevante (por ejemplo, la primera infancia),

— de una primera ocasión (por ejemplo, la primera relación sexual),

— de una vivencia larga y repetitiva (muchos años). (Ejemplo: diez años vividos con la misma persona implican un modelado, identificaciones con el otro y con sus representaciones),

— o bien, en el momento de una fuerte experiencia emocional, con valencia positiva o negativa (ejemplo: una decepción sentimental o un trauma).

Son experiencias alrededor de las cuales se construye, se organiza y se estabiliza el ser humano sobre señales identificables en referencia a su experiencia personal. Esta estabilización es preferible al caos: "Es mejor creerse que no vale nada, que no creer nada en absoluto"; "prefiero juzgarme culpable de la tristeza de mi madre, que creerme sin familia…".

Ejemplo:

Una madre dice a su joven hija: "si supieras la pena que me causaste cuando vi tus malas notas… ¡Después de todo lo que hice por ti! Y tú sólo piensas en jugar…".

A. Primer caso: la relación entre esta madre y su hija es muy buena. La niña se dice, desde el fondo de sí misma, que su madre la ama de manera incondicional. Tiene una opinión positiva de sí misma y una autoestima muy sólida. Una frase como ésta, sobre todo si es repetitiva, puede inducir a una creencia de este tipo: "si me desempeño mal en la escuela, mi madre va a sentirse triste".

   Pero esta niña podrá después, mediante el trabajo consigo misma, desembarazarse con facilidad de esta creencia, pues poseía una estructura previa sólida y positiva.

B. Segundo caso: la relación entre la madre y esta niña es mediocre. La niña siempre está a la espera de algo que no ha recibido nunca: ya sea el amor, el reconocimiento, la seguridad o frases motivadoras fundamentales. Si, por añadidura, se presenta el momento de recibir su primera boleta de calificaciones, una frase así es susceptible de inducir en la niña una creencia profunda de tipo: "Si me divierto, obtendré malas calificaciones en la escuela; ser malo en la escuela = decepcionar a mi mamá; decepcionarla = no ser amada → no tener seguridad → morir".

En resumen:

Darse momentos agradables → morir

Más tarde, si un amigo o consejero intenta convencerla: "¡Piensa en ti! ¡Diviértete! ¡Relájate, atrévete…!", en forma inmediata ese consejo será una fuente de malestar, de una vaga angustia, sin que sepa en realidad por qué siente eso, antes de haber podido identificar el origen de su creencia. "No sé vivir sin esta creencia.

No puedo vivir sin esta creencia. Por tanto, no quiero abandonarla. Sin importar que limite mis elecciones y sea fuente de sufrimiento, este pensamiento me organiza, me da seguridad, me estructura".

¿Cuántos pacientes habremos encontrado que sentían miedo de no tener miedo? ¿Que sentían miedo de abandonar a un antiguo enemigo, muy conocido, en beneficio de un futuro prometedor, pero desconocido?

¿Cómo detectar y precisar esta característica (estructurante/no estructurante)? Mediante el intento de llevar a la conciencia, a través del cuestionamiento, el "territorio de la creencia". Mientras más elevado, vital y fundamental sea el valor que descubramos en ese territorio, y mientras más incómoda y dolorosa sea la emoción, más seguridad tendremos en que la creencia es estructurante.

Las ventanas de huella

Existen creencias estructurantes que se generan en el periodo neonatal o en la primera infancia. Se acomodan en las "ventanas de huella", de acuerdo con el criterio de Konrad Lorenz. Se trata de impregnaciones de las primeras experiencias, en las cuales se fundamenta la vida, la supervivencia, el carácter y la personalidad, además de las angustias y defensas con las cuales se asocian. Como ese niño que llora en la noche porque tiene hambre y no recibe a cambio de sus lágrimas más que los gritos de su padre. Esta experiencia es potencialmente estructurante: "Cuando me siento mal, no puedo pedir ayuda porque lo que recibo es peor", o, en palabras más simples: "nadie puede responder a mis necesidades".

En sentido inverso, otro niño va a la escuela y se encuentra, en ese contexto, muy valorado por la maestra. Todo marcha muy bien, es una experiencia gratificante para él. Puede estructurarse sobre esa experiencia y, como consecuencia para él, vivirá el hecho de comenzar algo, de integrarse en un nuevo entorno, como una experiencia emocionante y de gran valor. Las creencias que son muy estructurantes, instaladas de modo precoz en las ventanas de huella, tocan de manera cercana la identidad y la supervivencia de la persona. Están ancladas a gran profundidad y, debido a ello, son difíciles de trabajar.

Las inversiones

Un fenómeno de inversión de valor (positivo o negativo) puede producirse como producto de esas experiencias precoces e implicar consecuencias que pueden ser muy limitantes y poco ventajosas para el resto de la vida.

Por ejemplo: "Si hablo, no van a quererme", "si soy yo misma, mamá va a estar triste", "comer es peligroso", etcétera.

Puede comprenderse muy bien la perversidad de estas creencias, por el aspecto de dificultad al vivirlas, por la cualidad antinatural que estas creencias llevan en sí. En esos casos, el individuo vivirá una experiencia negativa al hablar de sí mismo; comer, que por lo regular es un acto positivo, se convierte en una fuente de estrés y de angustia.

Una conducta buena, o, al menos, neutra, una necesidad normal y natural, un comportamiento o una situación en sí neutros o positivos, son considerados malos y se convierten en fuente de ansiedad. Por el contrario, alguna conducta neutra o negativa puede convertirse en positiva y, entonces, el individuo la procurará (por ejemplo, la violencia, el sufrimiento, la culpabilidad). Se trata de una inversión, una transformación en su contrario del valor positivo o negativo. Estas creencias son, en la mayoría de los casos, ancladas en forma muy profunda y, con frecuencia, son muy inconscientes.

Una persona me hizo daño. En términos "normales", no debe agradarme una ocasión de sufrimiento moral y/o psíquico; pero eso puede convertirse en algo que me gusta o que busco. Es lo que sucede, por ejemplo, en las compulsiones de repetición, en las cuales las personas se colocan, de modo repetitivo, en los mismos tipos de situaciones problemáticas. Casi siempre, este fenómeno se observa en las relaciones violentas. Podemos reconocer ahí la movilización de algún elemento de orden masoquista donde uno de los mecanismos operantes es la inversión, la "transformación en su contrario". "No soporto que las personas sean atentas o tiernas conmigo". Se trata de una perversión, lo cual hace que la creencia, en ese caso, sea muy compleja y muy problemática.

La creencia es una adaptación cognitiva a un momento pasado, a un acontecimiento de huella

A menudo, sus colocaciones se realizan durante la infancia, debido a que, en términos estadísticos, hay más primeras veces durante la infancia que durante la vejez, y porque el sistema neurocognitivo del niño en desarrollo es todavía muy maleable, lo cual no impide que pueda tener, más tarde, otras primeras ocasiones que puedan dejar una huella que lo marque mucho: el primer coqueteo, la primera relación sexual, el primer hijo, un duelo, un accidente, un trauma… Estas experiencias pueden inducir creencias estructurantes.

Hacer la distinción entre creencias estructurantes y creencias no estructurantes es un trabajo básico. El trabajo de conciencia no será el mismo, pues las colocaciones, los procesos que las sostienen y los contextos que las envuelven no son los mismos.

Consecuencias en nuestra vida de las creencias estructurantes

Ilustración clínica

Una paciente era cantante profesional. Cuando la recibí, estaba identificada por completo con su voz. Sucedía como si todo su ser, desde sus valores hasta sus comportamientos, estuviera condensado, concentrado en su voz. No vivía sino para hablar, para cantar, para comunicarse… Ella era una voz… Y esta mujer por lo general presentaba, como cabe esperar, síntomas a un nivel de sus cuerdas vocales. Las conversaciones pusieron pronto en evidencia una doble dificultad: al hablar, ella podía hacer daño y los demás podían también hacerle daño mediante la palabra; podía ser juzgada, criticada, por su voz. Por una parte, la palabra hacía mal. Pero, por otra, si no hablaba, tenía el sentimiento de no existir. Para ella, "la voz era la vida". Cuando le hice una simple pregunta respecto de ese vínculo de voz-identidad, esta paciente comenzó a sentirse muy mal. Manifestó una reacción defensiva muy fuerte, en la cual emergieron afectos agresivos difícilmente contenidos, sin duda debido a que se sintió agredida, cuestionada y muy conmovida. Es un excelente ejemplo de creencia que implica la representación y la imagen de uno mismo.

Este caso nos muestra, por otra parte, hasta qué punto la creencia está inscrita en la historia personal, y quizá familiar, del sujeto. ¿Cómo es que esta joven mujer llegó a reducir, a concentrar su mundo, su realidad significante, en su voz? ¿Qué sucedió en su historia? Los elementos que recordó representaron informaciones útiles para comprender esta estructuración. Su madre era francesa; su padre, de Argelia, había sufrido mucho durante la guerra. Un hermano de este hombre había sido degollado. El padre de la paciente no habló jamás de ese drama. En general, no hablaba de sus problemas ni de sus sufrimientos. Su hija deseaba ser la "lleva-palabras" de su padre y de este sufrimiento. Era, por así decirlo, su proyecto de vida, lo que legitimaba para ella su vida, una manera para ella de ser leal hacia su padre y hacia su tío degollado, pero ella se encontraba atrapada en la paradoja de deber decir lo indecible. Ella comprendió todo lo anterior; es decir, sus vínculos, las razones por las cuales el estrés se concentraba en sus cuerdas vocales y su voz. Sin embargo, esta mujer pensaba que todo ello era normal y no deseaba perturbar esta disposición interna.

Llegó a consultarme porque sufría, pero, al mismo tiempo, no quería cambiar el origen del sufrimiento, su estructura. No podía hacerlo, simplemente porque se colocaba en riesgo de ser desbordada por una angustia muy grande, un atentado demasiado violento a su identidad.

Antes de tocar un sistema de este tipo, tenemos que ser prudentes en extremo, medir bien el alcance psíquico de nuestras intervenciones. Esta paciente estuvo en riesgo de ser aplastada, porque fue así como se estructuró, como se desarrolló. Ella creía que: "Si no tengo esto, está el vacío, la nada".

En un caso como éste era previsible una terapia de largo plazo, porque sus creencias se relacionaban con su identidad misma. Ella tenía que poder reencontrar su identidad y liberarla, sin ponerse en peligro a nivel psicológico. Era importante que pudiera integrar otras referencias, otros apuntalamientos internos. Eso requiere tiempo. Es un trabajo de fondo que debe preverse en la psicoterapia, que demanda, por parte del sujeto, un compromiso personal importante y, por parte del psicoterapeuta, desatarse de toda voluntad personal de transformar al paciente o, incluso, de "curarlo".

Hablaré con mucho agrado, en este caso, de "neurosis estructurante". Entenderemos esta expresión en el sentido de que encontramos síntomas que tienen una función estructurante, que están inscritos a nivel profundo en la historia del sujeto. Ejercen en la psique funciones de protección, de defensa contra la angustia o de organización de relaciones del Yo con el mundo y consigo mismo.

Las creencias estructurantes, como ya dijimos, por lo general son muy precoces. Estas creencias echan sus raíces, en ocasiones, en el "proyecto-sentido"; es decir, el deseo o proyecto de sus padres y en las primeras experiencias de la infancia. En el ejemplo mencionado podemos establecer la hipótesis de que el padre, al no poder hablar, engendró un hijo para que fuera su boca, su palabra en un territorio que para él era desconocido.

Otra paciente tenía padres ya ancianos. Tenían alrededor de 45 años de edad en el momento de concebirla. El proyecto de la madre era tener un hijo que fuera su "bastón en la vejez". Concibieron un hijo y nació una niña, que creció en este proyecto, llevado por deseos inconfesables, por alianzas inconscientes no expresadas. Esta niña llevaba en su interior un esquema de ayuda y de sostén muy poderoso, mismo que organizaba la calidad de sus relaciones y el sentido de su vida en este mundo. En el fondo, era una creencia muy fuerte, anclada a gran profundidad en la cual "tener relaciones" es equivalente a "sostener a los demás". Decirle de manera brutal que su creencia era falsa y que debía, en lugar de ello, ocuparse de sí misma, habría representado para ella una enorme agresión, un asesinato psíquico, en el sentido de que habría significado una negación de sí misma en tanto sus valores esenciales. No habría tenido más razón para vivir, se habría quedado sin legitimidad. Al ya no tener un "contrato", estaría en riesgo de "dejar la empresa". Entonces, era indispensable encontrar otra razón para permanecer en la empresa, generar otra creencia (que no por fuerza eliminaría a la anterior, pero la flexibilizaría, la haría relativa…), otro sentido que fuera todavía más profundo, más fundamental, más existencial.

Capítulo 8

El inconsciente está dividido

Hacer el vínculo, reactualizar

El ser humano es comparable a una vasta morada que posee numerosos cuartos, salas, corredores, cavas, graneros, recovecos y mazmorras. Algunos de esos lugares ya no son visitados por el propietario, quien redujo su espacio de vida a algunas piezas. Ya no pone su conciencia sino sólo en esos lugares…; los demás espacios se convirtieron en el dominio del inconsciente. Pero de esos lugares provienen voces que transmiten órdenes, mensajes, exhortos. En ocasiones, surgen conflictos, órdenes contradictorias, por ejemplo, entre la cocina y la cava. La cocina es un lugar donde colocó su conciencia; tiene deseos de comer, no sólo para sobrevivir de manera elemental, sino para obtener placer, pero de la cava le llega un mensaje según el cual no hay que comer, sin dar ninguna razón. O, por razones olvidadas, quizá para defenderse de una madre tóxica. Del granero llega otro mensaje, como el de que hay que comer para complacer a mamá… Existe un conflicto entre estos mensajes contradictorios, lo cual implica un comportamiento que provoca sufrimiento, una doble obligación.

Cada uno de nosotros siente la necesidad de vincularse; requiere, para funcionar y estar en equilibrio general, que las informaciones circulen en el interior de la morada ¡con todas las ventanas abiertas! Como esos pacientes de quienes acabamos de hablar, que han vivido una experiencia muy fuerte, un trauma, acompañado por el miedo a morir cuando tenían uno o dos años de edad, en su nacimiento o incluso en la vida intrauterina... Estas personas tienen cuarenta o cincuenta años de edad en la actualidad. Saben, como es lógico, que no van a morir en el nacimiento o en un bombardeo. Sin embargo, una parte de ellos no lo sabe. El psiquismo está dividido por mecanismos como el rechazo o la disociación.

Una experiencia muy fuerte, que produce un trauma, desborda las capacidades de contención y de integración del psiquismo, el cual no puede integrarla en la estructura de la personalidad sin ponerla en riesgo de una amenaza de desestructuración. Esta experiencia forma, en el interior de la psique, un cuerpo extraño. Se encierra en una habitación aparte, la cual no se relaciona con el resto del grupo interno. Es un mecanismo de disociación que se moviliza para permitir la supervivencia del sujeto. Pero, en ciertas ocasiones, en ciertas situaciones, ese cuerpo extraño va a ser reactivado y toma la parte central de la escena psíquica y propicia el surgimiento de descargas emocionales, de comportamientos bizarros en los cuales el sujeto no se reconoce a sí mismo, y, sobre todo, a las enfermedades.

Es uno de los efectos del trauma y del mecanismo de disociación. Y es toda la experiencia, con sus componentes de recuerdos emocionales, afectivos, temporales, espaciales, cognitivos, etcétera, la que forma una especie de un guión que está enquistado en la psique y desintegrado del resto de la personalidad.

Esta parte de la psique puede tomar decisiones, hacer elecciones profesionales o sentimentales, del comportamiento, somáticas (enfermedades)..., decisiones que no toman en cuenta al resto de la estructura ni al mundo exterior, y que pueden incluso estar en conflicto o en oposición con los demás componentes de la personalidad.

El cerebro se burla del resultado. Sabe bien cómo tomar una dirección

El cerebro ejecuta, reacciona, toma una dirección, pero lo que lo anima no es necesariamente la pertinencia o la eficacia del resultado.

> El señor X tiene cuarenta años de edad, tiene miedo de las mujeres, no ejerce su sexualidad, no se ha casado, no tiene hijos… El resultado es muy negativo para él: es desgraciado, se siente avergonzado y sufre con esta situación. El cerebro se burla de ello, lo que cuenta para éste es continuar haciendo lo que aprendió, repetir, continuar protegiéndose de las mujeres. Cuando era niño, creció a la sombra de una madre sobreprotectora que le transmitió la idea, por una parte, de que las mujeres son peligrosas y devoradoras y, por la otra, de que él no tiene manera de enfrentarlas en absoluto.

De aquí surgen las preguntas: ¿Quién dirige nuestra vida? ¿Son los demás o nosotros? ¿Nosotros hoy o nosotros ayer? ¿Quién, en nosotros, nos gobierna?

Cuando Freud escribió que "el Yo no es el dueño de su morada", quería decir que quien dirige es el inconsciente, organizado alrededor de toda esa red de creencias y estructuras de fantasmas y escenarios inconscientes que repetimos y actuamos sin cesar… e integramos a los demás, a quienes están cerca de nosotros, a nuestro entorno, en nuestros propios escenarios, y los hacemos representar papeles que no les pertenecen.

El cerebro ejecuta, así, en función de la estructura conformada, sin tener en cuenta el contexto. Y esto conlleva consecuencias directas e indirectas en las conductas.

Algunos ejemplos

- Creencia: "sin dinero, no se es nada".
- Emoción: miedo de la falta de dinero.
- Comportamiento: tener siempre dinero.

Creencia: "Si no se es amado, ¿para qué vivir?"
- Motor emocional: necesidad de ser amado.

- Contraparte: sentirse siempre juzgado, permeable, poroso, abierto a la mirada de los demás.
- Comportamiento: acudir en ayuda de otros, hacer el bien alrededor de uno mismo para hacerse amar y apreciar.

Una persona, durante su infancia, tuvo la experiencia de no compartir nada interesante con su padre. Su creencia es que "compartir = ser reconocido = existir". Al llegar a la edad adulta, quiere compartir todas sus pasiones, sus núcleos de interés, pero de una manera muy obsesiva.

Un chiquillo llega a la escuela maternal y se sienta en la primera silla que ve. Pero esa silla ya había sido asignada a una niñita, quien le grita y lo empuja al suelo. A partir de ese momento, este niño empieza a desconfiar de todas las niñas. Algunos años después, durante su adolescencia, se encuentra encerrado en un conflicto donde él quisiera acercarse a una jovencita y, a la vez, le da muchísimo miedo y queda inmovilizado. Su inconsciente no toma en cuenta el hecho de que esa jovencita no tiene el mismo nombre ni aun el mismo comportamiento que la otra...

La guerra terminó

El cerebro ignora que la guerra ya terminó. Como lo expresó Freud, el inconsciente no conoce el tiempo. Una experiencia que tuvo lugar hace treinta o cuarenta años siempre está presente. El inconsciente sólo sabe conjugar en presente.

Todo el mundo conoce la historia de ese soldado japonés que fue encontrado en los años cincuenta en una isla del Pacífico. Era un aviador de la Segunda Guerra Mundial que fue hallado en esa isla y no sabía que la guerra había concluido. Cuando unos pescadores se acercaron, los atacó.

De alguna manera, somos como ese aviador japonés. Ignoramos que la guerra ya terminó, que ya no tenemos cuatro años, que nuestra madre cambió, que podemos expresar nuestras emociones sin temor, que no estamos en la escuela a punto de recitar una fábula de La Fontaine.

Segunda parte

Libérese de sus creencias

Constantino Veces
(214) 577-4555
Email: cveces@hotmail.com

Libérese de sus creencias

"Cuando ves a alguien que llora, ya sea porque experimenta un duelo, porque su hijo está lejos o porque perdió sus bienes, cuídate de que tu imaginación no te seduzca y te persuada de que ese hombre en efecto es desgraciado a causa de esas causas exteriores; haz en ti mismo esta distinción de que lo que lo aflige no es para nada el accidente que le sucedió, porque aquello no es la causa de su emoción, sino la opinión que tiene sobre ello" (Epicteto).

> **Es el sentido lo que hace sufrir, no el suceso. Entonces, hay que cambiar el sentido (es decir, la creencia) y no el suceso…**

En nuestras prácticas terapéuticas, desde que existe la terapia existe la acción sobre una creencia que se viva de manera consciente o inconsciente, voluntaria o involuntaria. El terapeuta va a permitir la transformación, la elaboración, el desarrollo, el trabajo sobre las creencias. Diría, también, que si no hay trabajo directo o indirecto sobre las creencias, no hay terapia. Es claro lo que nos dicen los pacientes al finalizar la terapia: "ya no veo las cosas de la misma manera; las cosas son diferentes".

El hecho de estar consciente de ello aumentará la pertinencia y la eficiencia de las intervenciones terapéuticas.

Saber definir, señalar y nombrar las creencias permite, con frecuencia, llevar al cabo una terapia breve, si es útil que sea rápida, aunque no siempre es el caso.

De una forma o de otra, no podemos escapar de las creencias. Éstas se encuentran en el núcleo mismo de nuestra estructura y organización psíquica.

Hacer un trabajo de conciencia y de transformación de nuestras creencias representa, a nuestros ojos, abrirse a una nueva realidad; una realidad que no es otra más que un camino hacia uno mismo.

Varias etapas

Llevar a cabo una terapia centrada en las creencias limitantes conlleva varias etapas que es conveniente franquear una por una, en un ambiente de respeto y de seguridad, porque no se toca una creencia como se corta una flor. Es todavía más delicado y, de otro modo, más consecuente…

He aquí la secuencia que puede darse:

1. Establecer una relación de calidad (confianza, seguridad, permiso, paciencia) que permita la confidencia y la introspección

2. Definir la creencia limitante activa o responsable del problema

3. Desestabilizar esta creencia

4. Definir una creencia generadora (de apertura)

5. Verificar esta creencia: ¿es ecológica (sin inconvenientes)?, ¿reemplaza por completo a la creencia limitante?

6. Instalar la nueva creencia

Nos proponemos ilustrar esta secuencia a través de una viñeta resultante de nuestras consultas.

Señor G

1) El señor G se llena de eczema después de la partida de su hija al extranjero.

2) Tiene la creencia de que no puede vivir solo y de que su hija era su rayo de sol.

3) ¿Estaba muerto antes del nacimiento de su hija? ¿Quiere mantener esta creencia durante toda su vida? ¿Es útil para él y para su hija? Porque esta creencia lo hace dependiente de ella y a ella responsable de él.

4) Él quisiera creer que ella se quedaría por siempre junto a él.

5) Eso no soluciona nada, es un sueño que implica el problema de dependencia.

6) Él elige, entonces, creer que puede vivir sin ella (aunque esto sea menos agradable, la vida, sin embargo, es posible) y que puede contactar el sol con o sin ella.

7) Estas dos creencias, definidas de manera completa y clara, se instalarán con facilidad en él.

Vemos en este ejemplo que el síntoma (eczema) es resultado de una creencia ("solo no soy nada").

Creencia y conflicto

La señora B llegó a mi consultorio porque sufre de acúfeno después de la segunda partida de su hijo. Escucha como ruidos de motor, me comenta, en su oído derecho. Cuenta que en fechas recientes su hijo se había convertido en la persona que la ayudaba a salir adelante, a pasar, a hacer cosas, en una palabra: ¡era su motor! La creencia se resume en "mi hijo es el motor de mi vida; lejos de él, estoy indefensa y no puedo hacer nada".

Hijo = motor

El problema no es la partida de su hijo, sino la inversión excesiva sobre él, y la representación que la madre se hace de su partida y de su vida sin él.

La señora M presenta una hiperplaquetosis. Produce demasiadas plaquetas sanguíneas y le sucedió a partir de que su hija le anunció su intención de divorciarse. Ella quiere resolver el problema de la pareja... Pero, ¿por qué? ¿De qué manera el divorcio de su hija representa un problema de tal magnitud para ella? Por dolorosa que pudiera resultar esta situación, todas las madres no son un suplemento de "pegamento" sanguíneo, de plaquetas, cuando sus hijos se divorcian. Hay algo previo que debe ser descubierto al lado de estas creencias. Esta mujer tiene una creencia muy fuerte relacionada con los valores familiares y enraizada de manera muy sólida, como que "estamos en este mundo para vivir en familia y así de manera perpetua". Si la noción de familia no fuera tan importante y crucial para ella, no habría tenido ese conflicto y viviría esta situación de una manera muy diferente.

El señor H tiene problemas en las encías. No se siente escuchado por los demás, ni en su casa ni en su trabajo. "Mi palabra no tiene peso", es su frase de conflicto. Él no hubiera producido este problema (y después esta patología) si la palabra no tuviera tanto peso para él, si no diera al otro un poder sobre él.

El señor W no es escuchado ni en su trabajo ni en su familia y él se burla de esto. Lo que cuenta para él es hablar, no ser escuchado. Su creencia es: "Si soy escuchado, está bien, si no soy escuchado, también está bien; tanto en un caso como en otro, esto no pone en duda mi valor".

Por el contrario, para infortunio del señor H: "si el otro me escucha, eso significa que soy un hombre valioso; en el caso inverso, significa que soy insignificante".

No se puede tener conflictos por la separación, si el contacto fuera un ámbito frágil, sensible. De igual forma, los conflictos de pérdida de territorio (causa de infartos) implican que el territorio es un ámbito de nuestra vida por el cual estamos dispuestos a luchar. Los conflictos sexuales suponen que la sexualidad cuenta, que es fundamental, etcétera.

No hay que perder de vista que la creencia es resultado de una vivencia de conflicto en la cual se supone que ésta aporta una solución o una respuesta. Si no se comprende y no está resuelto el conflicto que subyace bajo la creencia, sólo se hace la mitad del trabajo.

Ejemplo de creencia transgeneracional: después de tres generaciones, las personas han sufrido frío y hambre porque carecían de dinero. Esta representación y sus efectos no van a cambiar en términos adaptativos sólo por un salto de pulga intelectual.

En general, cuando hay una creencia rígida, se sabe que hay un conflicto en segundo plano y que va a ser necesario tratarlo para recuperar la flexibilidad del funcionamiento cognitivo y poder comprender que lo que se adapta a un momento preciso puede convertirse en una obligación o molestia en un contexto distinto.

Atender el conflicto

Atender el conflicto[1] es tratar la emoción en el conflicto, ponerla en movimiento, es decir:

1. Definirla

2. Reconocerla

3. Recibirla

4. Aceptarla para poder

5. Eliminar la identificación con ésta

No obstante, atender el conflicto sin tratar la creencia sería un trabajo incompleto.

---

1. Aspectos que han sido detallados en dos obras anteriores: *El momento de la curación*, coescrita con Jean Jacques Lagardet, y *Protocolos de regreso a la salud*, coescrita con Philippe Lévy, ed. Le Souffle d´Or.

De igual manera, tratar la creencia sin tocar la emoción es un trabajo incompleto.

Por el contrario, tomar en cuenta estas dos dimensiones es profundamente terapéutico.

Ejemplo:

> La señorita X y la señorita Y fueron violadas detrás de una iglesia por un hombre calvo, una en otoño y la otra en primavera. Ambas desarrollaron insomnio a partir de esta experiencia. La señorita X trabajó sobre sus emociones y eliminó el miedo, la ira, el disgusto y la vergüenza. Después, cuando vuelve a pensar en este hecho o cuando vuelve a pasar por la iglesia, su estado interno permanece neutro y ya no siente esas emociones que la minaban. Su sueño mejora, ¡pero ella no se casa! Porque tiene la creencia de que "los hombres no son interesantes". Ella trabajó en el cincuenta por ciento de los problemas. Le queda el restante cincuenta por ciento: una creencia limitante.

> La señorita Y trabaja en su creencia de que "vivir es estar al acecho", creencia generada por la violación, que no hubiera sucedido, según su opinión, si ella hubiera sido más prudente.

Perder el control = peligro

> Trabaja en esta creencia y recupera el sueño en forma parcial. Acepta marcharse; de tiempo en tiempo surgen pesadillas en sus sueños. Cuando vuelve a pensar en el acontecimiento preciso, a pesar de que ella sabe que todo eso terminó, que ya no está hoy por hoy en riesgo, resurge una angustia.

En terapia, la mayor parte del tiempo el terapeuta dirige sus intervenciones sobre la creencia y la transformación de las emociones. Sin embargo, eso aún debe ser revisado y puede hacerse con base en los puntos siguientes:

— ¿Permanece la emoción en usted cuando recuerda el trauma?

— ¿Cuáles son sus creencias sobre usted mismo, sobre los demás, sobre la vida en pareja y la sexualidad?

— ¿Son limitantes estas creencias?

La terapia centrada en las creencias deberá tomar en cuenta el conflicto emocional y respetar el ritmo del sujeto, bajo el riesgo de perjudicar la relación, debido a que, como ya comentamos en la primera parte, estamos atados a nuestras creencias porque son éstas las que nos atan al mundo y nos permiten habitarlo.

En lugar de atacar nuestras creencias y antes de querer transformarlas, es necesario que aprendamos a conocerlas, que entendamos su función, su lugar en nuestra vida y en la de nuestros seres cercanos y, para ello, la curiosidad es la más eficaz de las vías.

La primera etapa consistirá en establecer una buena calidad relacional, necesaria para que la persona pueda ponerse en contacto con los contenidos intrapsíquicos que pueden ser dolorosos y producir más o menos temor, y que pueda nombrar lo que tiene de valor y de sentido, porque es algo muy inhibido, muy inconsciente, muy íntimo. Es como el acto de desnudarse.

1ª etapa:	Establecer una relación de calidad
2ª etapa:	Definir la creencia limitante, activa y responsable del problema
3ª etapa:	Desestabilizar una creencia
4ª etapa:	Definir una creencia generadora, de apertura
5ª etapa:	Verificar la creencia generadora
6ª etapa:	Instalar la nueva creencia

Establecer una relación de calidad

El otro está en una evidencia que no conocemos.
O "Del egocentrismo a la empatía...".

Una de las principales consecuencias del hecho de que las experiencias engendren emociones y generen creencias es que cada ser humano tiene sus propias creencias porque cada uno ha vivido experiencias que le son propias. Cuando encontramos a una persona, quienquiera que sea, nos encontramos con alguien que ha tenido otra vida, otras experiencias, otras emociones y que tiene, por fuerza, otras creencias distintas a las nuestras; toda una lógica diferente. Estamos en presencia de otro mundo, distinto e imprevisible por completo.

Dicho de esta manera, esto puede parecer evidente, pero, en concreto, está lejos de ser ése el caso. Actuamos en forma espontánea, como si fuera indudable que el otro tiene las mismas creencias que nosotros y, como las creencias son inconscientes, no lo ponemos en duda; ése es el inicio de la incomprensión, de la guerra, del conflicto, de la disputa o de la revuelta.

Un paciente me confió un día: "Como no siento emociones, creí durante mucho tiempo que los demás tampoco las sentían". Tenemos la tendencia a generalizar lo que nos es propio y a atribuir a los demás las mismas reacciones, pensamientos o emociones que tenemos nosotros. Debemos comprender que el otro está en una evidencia que no conocemos *a priori*. Esto es lo que con frecuencia explica los conflictos interpersonales, las incomprensiones, las intolerancias.

> La señorita O tiene como valores la limpieza, la puntualidad, el respeto. En cuanto al señor P, tiene como valores la libertad y el placer. Ella está segura de que él es limpio, puntual y respetuoso; él está seguro de que ella es divertida… y, cuando ellos se reúnen para ir al cine, él llega tarde. Ella se siente mal con eso, no se siente cómoda, se enfada…; entonces, él no comprende bien por qué ella le da tanta importancia a la puntualidad, pues no forma parte de su red de valores. Pasan, entonces, una muy mala tarde.

Por lo regular, nacen estos pequeños conflictos en la vida cotidiana, o bien, conflictos más graves en función de la incapacidad que tenemos para ponernos en el lugar del otro, por una carencia de verdadera empatía. Es la proyección involuntaria, irreprimible y rápida en extremo, en los otros, de nuestros funcionamientos personales conscientes e inconscientes (valores, creencias, comportamientos, emociones, etcétera).

Debemos hacer un esfuerzo por descentrarnos, por abstraernos o por poner entre paréntesis nuestras propias creencias, nuestras propias representaciones del mundo, para poder hacer este esfuerzo de empatía. La comprensión del otro no se da de antemano y jamás se adquiere de manera definitiva.

Estas cualidades son en especial necesarias en la relación terapéutica. Esto reúne las nociones de atención flotante y de escucha benévola: abstraerse de uno mismo, de lo que nos anima, de lo que es importante para nosotros, de nuestra historia personal, para dejar que el otro emerja, tal como es y tal como funciona, con sus propios valores.

Es por ello que la terapia y otros espacios son lugares privilegiados de transformación y de curación; lugares, por decirlo así, sagrados, porque la mayor parte del tiempo, cuando dos individuos se encuentran, lo hacen desde el interior de sus historias y de sus creencias. Cuando uno piensa que escucha al otro, es a él mismo a quien en realidad escucha a través de sus proyecciones, de sus miedos, de sus deseos. En realidad, el otro no es escuchado o comprendido en aquello que ha vivido, en la resonancia propia y única de su experiencia. Por este motivo, nosotros constatamos, con numerosas intervenciones en el campo de la salud en amplio sentido, que escuchar es la primera terapia. Un acto auténtico de escuchar es sanador. Los trabajos de Carl Rogers se orientan en ese sentido.

El paciente tiene un inconsciente y es ese inconsciente lo que constituye el cara a cara del terapeuta, nunca sólo el consciente. Por lo general, el paciente no revelará de modo espontáneo sus contenidos y, en particular, sus creencias. Habrá que ganarse su confianza, "domesticarlo", como el zorro le pide al Principito, y eso implica ciertos "ritos terapéuticos", como, por ejemplo, aquellos de la escucha rogeriana, del esquema psicoanalítico o de otros.

La escucha rogeriana

Según el postulado de C. Rogers,[1] cualquier individuo es capaz de tomar conciencia y de expresar sus contenidos psíquicos y sus emociones en la medida en que esté colocado en una situación que le permita actualizar esta capacidad. ¿Cómo es eso? En un clima de libertad, en un esquema lo bastante seguro y permisivo; de esta manera, hombres y mujeres se sienten libres para expresar —o callar— sus contenidos psíquicos.

Para este efecto, las actitudes recomendadas por Rogers se sitúan en la continuidad del concepto de neutralidad, iniciado por Freud[2] y calificado después de él como "benévolo".

---

1. C. Rogers, *El desarrollo de la persona*, 1961.

2. S. Freud, *La técnica psicoanalítica*.

Las principales actitudes terapéuticas

1. La neutralidad benévola

La neutralidad benévola define una cualidad del que escucha sin expresar ningún juicio en cuanto a los valores morales, religiosos, filosóficos o sociales de sus pacientes. Al mismo tiempo, manifiesta una comprensión y una presencia benévola con el fin de crear un clima relacional de seguridad. Sin embargo, esta exigencia representa, para el que escucha, más un objetivo hacia el cual tiende, una orientación, que una realidad absoluta. En ciertas ocasiones, la gestión de la diferencia y de la distancia puede ser delicada con algunos pacientes; entonces, el terapeuta busca "a tientas" para encontrar con cada uno de ellos un equilibrio justo entre retracción defensiva y búsqueda de una relación de fusión.

2. La empatía

La empatía no define una técnica sino una cualidad de ser. Rogers define la empatía como una capacidad del terapeuta para percibir desde el interior los sentimientos o afectos experimentados por los pacientes. La empatía es una actitud con la cual se percibe en forma intuitiva algún aspecto del mundo interno del otro. No se trata de una comprensión sólo intelectual o teórica, que se quedaría en el exterior, sino de un sentir interno en el cual "el terapeuta llega a tomar, instante tras instante, lo que el paciente siente en su mundo interior como el paciente lo ve y lo siente, sin que su propia identidad se disuelva en este proceso empático" (Rogers). El autor estima que la empatía es una poderosa palanca terapéutica. Está en el corazón de su enfoque, denominado "centrado en la persona". En cualquier caso, esta comprensión es "rara en extremo"; no obstante, representa más un objetivo, una tendencia interna a renovarse siempre, que un objetivo logrado de una vez por todas.

Precisión: la empatía implica saber manejar, administrar y mantener una buena distancia; no debe confundirse con pegarse, fusionarse o identificarse con el otro.

3. La aceptación positiva incondicional

Otra cualidad que debe considerar el terapeuta, según Rogers, es la aceptación positiva incondicional del otro, tal como se presenta: aceptación de lo que es, de lo que dice (contenido) y de lo que calla, de lo que resiente, de lo que piensa y de la manera como lo dice (forma). Se trata de una actitud de no enjuiciamiento gracias a la cual el paciente puede sentirse profundamente aceptado; de este modo, en un clima relacional de seguridad, positivo y receptivo, el paciente, liberado "tanto como sea posible de cualquier amenaza exterior", puede "comenzar a experimentar y a afrontar los conflictos internos que le parecen amenazantes" (Rogers).

Al reunirse la empatía con la aceptación positiva incondicional, Rogers explica: "Si alguien comprende lo que provoca ser yo sin buscar analizarme ni juzgarme, entonces puedo abrirme y desarrollarme en esta atmósfera". Nos gustaría añadir: sin buscar transformarme, actitud que supone un juicio y el ejercicio de un poder sobre el otro, aunque esté motivado por el deseo de hacerle un bien. Esta precisión es esencial en relación con las páginas que siguen. Los protocolos de cambio que presentaremos no pueden tener lugar sino en el esquema de una auténtica relación de ayuda, sin la cual serán asimilables a una desastrosa tentativa de toma de poder y de manipulación.

4. La congruencia

La cuarta característica fundamental de una relación de calidad, de acuerdo con Rogers, es la congruencia. Se trata de estar en una relación auténtica con el paciente. Implica reconocer y aceptar lo que llega al interior de sí, como la persona que escucha, y de ser congruente, es decir, coherente entre lo que sentimos y lo que manifestamos, en nuestras comunicaciones verbales y no verbales: "un estado de unificación entre la experiencia emocional a nivel de las entrañas, la conciencia de esta experiencia y lo que expresamos al paciente".

• • •

Estas diversas actitudes, descritas por grandes médicos, deben permitirnos permanecer siempre vigilantes a una forma particular de proyección: cómo el terapeuta, en forma involuntaria, adhiere sus creencias en los pacientes. Estar y permanecer conscientes de nuestras creencias es un paso obligado para quien quiere escuchar las creencias de los demás, con el riesgo, en caso contrario, de comprometer por completo toda forma de ayuda.

"La relación de ayuda psicológica es una relación en la cual el calor de la aceptación y la ausencia de toda coacción, de toda presión personal por parte del terapeuta, permiten a la persona que recibe la ayuda expresar al máximo sus sentimientos, sus actitudes y sus problemas" (Rogers, *La relación de ayuda y la psicoterapia*).

"La relación es una relación bien estructurada, con sus límites de tiempo, de dependencias, de acción agresiva, que se aplica en particular a los pacientes, y sus límites de responsabilidad y de afecto que el consejero se imponga a sí mismo. En esta experiencia única de libertad emocional completa, dentro de un esquema bien definido, el paciente es libre de reconocer y de comprender sus impulsos y sus estructuras, ya sean positivos o negativos, mejor que en cualquier otra relación. Esta relación terapéutica es distinta de las autoritarias de la vida cotidiana y es incompatible con éstas" (Rogers, *La relación de ayuda y la psicoterapia*).

Las creencias del terapeuta

En forma inconsciente, cada terapeuta moldea a sus pacientes a sus propias creencias, a su cultura terapéutica.

Sucede con frecuencia que, al recibir a un nuevo paciente, comprendemos en cinco minutos que se ha psicoanalizado. Ha sido "aculturado" por el psicoanálisis. Es probable que haya leído libros de psicoanálisis y se haya puesto a pensar en sus términos. Otros han seguido una terapia junguiana y hablan con espontaneidad de sus arquetipos y de sus sueños, los cuales interpretan de una manera muy específica. Los contenidos mismos de sus sueños son junguianos; o bien, se trata de una persona que ha estudiado la programación neurolinguística y eso se observa muy rápido, en las palabras que utiliza y en su manera de estructurar su pensamiento. Otras personas van a estar convencidas de que son los espíritus, las energías cósmicas o incluso la alimentación, la contaminación, qué se yo, lo que las gobierna.

De una manera consciente, pero sobre todo inconsciente, cada terapeuta va a formar a sus pacientes, va a inculcarles algunas creencias médicas, filosóficas, psicológicas o espirituales relativas a sus males. Transmite, así, una especie de referencia.

Una pregunta que debemos hacernos es: ¿la teoría pone en duda la observación o es lo contrario? ¿Es la teoría la que pone en duda la observación? O bien, ¿es la observación la que pone en duda la teoría? Lo que hace avanzar el mundo, en tanto conocimiento científico, es cuando la observación trastorna o contradice la teoría y que ésta acepta evolucionar.

El saber claro y ciego

En la realidad, es imposible no influir; incluso un psicoanalista, por su silencio o por su interpretación, transmite un mensaje y orienta la evolución y el desarrollo que seguirá la terapia, además de las tomas de conciencia del paciente sobre su vida.

La posición del que escucha consiste en deshacerse de su saber, en desembarazarse de su teoría, a pesar de que, paradójicamente, tenga razón, para ir a buscar el saber en el otro. El saber está en el sujeto, no en nuestros libros. Es, además, hacer una abstracción de uno mismo, de sus creencias, ponerse en retracción para ser un escucha verdadero, tanto como sea posible.

Pero, al mismo tiempo, el paciente, el enfermo, está en desventaja; sufre, en cierto nivel, la incapacidad de ser él mismo, de ser adulto, y solicita un padre y/o una madre. El paciente tiene necesidad de un muro sobre el cual rebotar. Tiene necesidad de una autoridad a la cual poder oponerse, para llevar a buen término, por ejemplo, su crisis de adolescencia.

En términos ideales, lo que va a suceder en la sesión es que el paciente la llevará allí. Es él quien va a darse cuenta de la importancia de tal o cual fenómeno, de tal o cual elemento del esquema, y va a agarrarse de ello, para captar algo de lo que ocurre en él y así ponerlo en movimiento.

Nuestros modelos terapéuticos, de cualquier obediencia que emanen, permiten al paciente organizar su experiencia porque tiene necesidad de un padre que le transmita un saber.

Como consecuencia, antes de abordar a profundidad la terapia de las creencias, insistamos en la calidad de la relación entre el sujeto y quien lo escucha, porque este último tiene una parte activa en la terapia. Es lo que ha puesto en evidencia un muy largo estudio comparativo entre múltiples corrientes de psicoterapia.

Lo que no varía en la psicoterapia

Los estudios transversales (llamados "meta-análisis) que sustentan la eficacia y los indicadores preferenciales de los diferentes acercamientos psicoterapéuticos han puesto en evidencia que lo que es eficaz en las psicoterapias son factores no específicos, es decir, que no se basan en las especificidades teóricas o prácticas de sus acercamientos. Esta constatación nos invita a una evidente modestia y a hacer relativos nuestros modelos, mismos que no son sino sólo modelos o, en otras palabras, construcciones teóricas, representaciones del funcionamiento y de los procesos psíquicos. Cada escuela psicoterapéutica constituye su propio mito con sus fundadores, su hagiografía, sus textos sagrados, sus rituales, su lenguaje propio, etcétera. Hay una mitología psicoanalítica, como hay una mitología de PNL, de TCC, de la hipnosis, del análisis transaccional, de la biodecodificación, etcétera. Hay una mitología que permite dar cuenta de los fenómenos e inscribirlos en un modelo coherente de comprensión y de significación.

Tales búsquedas han hecho evidente la presencia de seis factores transversales, es decir, presentes en toda psicoterapia que funciona:

1. Una relación intensa, emocional, confiada, con la persona que escucha.

Cualquiera que sea su corriente teórica o la familia terapéutica a la que se hace referencia, la calidad relacional es más importante que la técnica y la teoría que la sostiene. Esta relación debe ser de calidad para que haya un cambio profundo y perdurable. La relación es, en sí misma, un factor clave de la terapia, es terapéutica en sí misma, en la medida en que constituye una envoltura afectiva lo bastante contenedora y segura para que en ésta se desplieguen los procesos internos y los conflictos intrapsíquicos. El vínculo terapéutico se convierte en reparador en la relación con el sujeto sólo por el hecho de que le permite existir ante la vista de otro.

Es recomendable que los profesionales de la atención tengan un supervisor. Es él quien verifica su capacidad para establecer la "sana distancia" terapéutica y para crear y mantener una relación intensa con el paciente, una relación de confianza que le permita a éste entrar en contacto con sus emociones, explorar su mundo interno, sus recuerdos contenidos, sus pensamientos, sus vergüenzas, etcétera, todo ello en un clima de seguridad suficiente.

2. La existencia de un modelo o de un mito explicativo que permita atender el sufrimiento del paciente.

Poco importa el modelo (psicodinámico, cognitivo, psicobiológico, psicogenealógico, energético, etcétera), lo principal es que sea coherente y que sea aceptado por el paciente. La existencia de un modelo explicativo permite a este último tener una representación de su síntoma, el cual responde a una cierta lógica interna; además, obtener de ésta una comprensión que posea sentido para él y que le permita inscribirla en su historia. El modelo está allí, en segundo plano, como un esquema teórico. Si no hay esquema, no hay psicoterapia.

Nuestros modelos explicativos no son dogmas. No podemos presentarlos, en ningún caso, como verdades que se impongan y a las que todo ser humano deberá plegarse para sanar. Todo modelo está al servicio del paciente y no a la inversa; bajo este título, debe ser capaz de adaptarse, de ser flexible y someterse a revisión perpetua.

No a la psicoterapia total o totalitaria, sino a un acercamiento flexible, evolutivo, maleable.

Numerosos investigadores de diversas corrientes teóricas nos invitan a no engañarnos con nuestros modelos y atraen nuestra atención sobre la desviación que representaría una ideologización de la teoría. Siempre existe la tentación de hacer de la teoría un fetiche, es decir, un objeto contra-fóbico considerado para mitigar la angustia de castración, el hecho de que nos falta alguna cosa... Uno puede refugiarse en la teoría, erigirla como un tótem, para no experimentar la sensación de carencia y de impotencia. Se pasa, entonces, de la teoría a la ideología con el riesgo, para los pacientes, de no ser escuchados ni comprendidos en su singularidad y en aquello que una historia personal tiene de irreductible.

3. El aporte de informaciones o de nuevas concepciones para el paciente concernientes a la naturaleza del problema, el origen del problema y los comportamientos alternativos posibles.

La novedad permite llenar de sentido lo que era inaceptable, por incomprensible o absurdo que sea. Con frecuencia, el paciente llega al consultorio con un cierto saber o conocimiento de su problema; saber que, sin embargo, ya probó ser insuficiente para resolverlo. Tiene necesidad de otra visión, de un nuevo escucha, de una luz diferente que tome en cuenta las características inconscientes de los síntomas, que no lo encierre en sus problemas, que esté siempre en desfase en relación con lo que él dice o cree saber.

Cuando un paciente, en su primera consulta, pretende ya conocer el origen de sus problemas o poseer la clave del enigma, quizá debamos estar seguros de que será necesario buscar más allá, de que estamos frente a una "pantalla de humo", una resistencia al cambio.

Aportar una explicación nueva sobre el origen de las enfermedades es un aspecto pedagógico de la relación terapeuta/paciente. "Pedagógico" no quiere decir "terapéutico", pero lo completa.

4. El desarrollo de la capacidad del paciente para sentir e identificar eso que siente.

Es una noción fundamental de la decodificación biológica y de otros enfoques, como las terapias conductuales y cognitivas o la PNL. Pero, ¿acaso sentir es accesible para todo el mundo? En ocasiones, resulta muy difícil tener acceso a ese nivel de información; por ejemplo, cuando los pacientes utilizan términos vagos como "malestar" o "angustia", (¿angustia de qué?); palabras que pueden contener realidades variadas en extremo. Además, sucede que algunas emociones cubren a otras: es frecuente que la ira esconda una tristeza dolorosa y profunda o a la inversa.

En el centro de la terapia, mediante la biodecodificación, se halla la búsqueda del sentimiento biológico conflictivo y específico de cada enfermedad.

El desarrollo de nuestras capacidades para sentir, identificar y después verbalizar nuestras emociones es, por otra parte, profiláctico.

5. Despertar una esperanza de curación del paciente, por sí mismo, fundada en el reconocimiento personal y profesional del terapeuta.

Es, de alguna manera, como la otra cara del conflicto de diagnóstico[3] que, en lugar de encerrarse, se abre sobre todas las posibilidades. Este punto contiene la fuerza operatoria de las creencias, de la autosugestión y de los intentos de cambio.

En ocasiones, las curaciones logradas por los bioterapeutas son de doble filo: pueden conducirlos a creer que no existen límites para la curación. De hecho, nosotros no curamos las enfermedades sino que acompañamos a los hombres y a las mujeres que están más o menos abiertos, simples, accesibles o confusos por completo. Por otra parte, es cierto que se han dado resultados duraderos en casos que habían sido etiquetados como graves.

---

3. Cf. C. Flèche, *Mi cuerpo para curarme*, Ed. Le Souffle d´Or.

6. **La experiencia de una mejoría que refuerza la confianza del paciente en sí mismo y en la terapia.**

Esta noción se asemeja al antídoto del conflicto autoprogramante.[4] En éste, el funcionamiento es: "mientras más mal me siento, más mal voy". Para este sexto punto, la nueva experiencia es: mientras mejor me siento, mejor voy".

La experiencia de una mejoría, incluso ligera, puede ser un objetivo de la primera sesión, con el fin de permitir al paciente sentir en él su potencial, el cual con frecuencia está subutilizado. Milton Erickson se proponía a menudo introducir ligeros cambios en el interior del complejo patológico endurecido.

• • •

Remontar del inconsciente hacia el consciente

Podemos constatar, a través de este estudio, la importancia y la utilidad en la relación terapéutica de un equilibrio entre teoría (transversal 2,3,5) y práctica (1,4,6).

Hay algo estable (teoría) y algo en movimiento (práctica). Si estamos demasiado asentados en la teoría, no pasará nada. Si nos asentamos demasiado en el movimiento, tampoco: es la señora Todo el Mundo que se encuentra con la señora Todo el Mundo y le habla de sus problemas; hablan y se escuchan, pero no sucede nada.

Por el contrario, en la relación de ayuda, en el acompañamiento terapéutico, el que escucha comienza por recibir todo lo que llega. La persona tiene, por su parte, necesidad de comentar sus experiencias desafortunadas, colocar allí palabras (hacer un relato) y definir con precisión lo que está mal en ella. Por las reformulaciones del que escucha, del terapeuta, la persona va a poder tomar conciencia de la razón por la cual es importante para ella que eso ocurra mal. El paciente va a descubrir la utilidad del síntoma, la

---

4. Cf. C. Flèche, *Mi cuerpo para curarme*, ed. Le Souffle d´Or.

coherencia de su presencia en su vida actual. En seguida, va a actualizar aquellas creencias que están relacionados con sus problemas, sus dificultades, sus sufrimientos; en efecto, la recepción benévola, la escucha empática, la congruencia y las técnicas de reformulación, de manera natural y automática, van a poner en movimiento la denuncia hasta entonces solidificada y bloqueada. Este movimiento permite descender de lo más consciente hasta lo más inconsciente. El inconsciente se vuelve, poquito a poco, al ritmo del paciente,[5] hacia la luz. Como ya sabemos, las creencias son abstractas, inconscientes y creadoras.

Ejemplo:

1. La señora M se queja de acúfeno. Está consciente de este síntoma, de sus graves ruidos en el oído derecho desde que tenía treinta años de edad.
   Enunciado del problema: el acúfeno (síntoma).

2. En la sesión, hace remontar a su conciencia hacia lo que vivió en esa época: una falta de reconocimiento. Su jefe nunca le mostraba reconocimiento.
   Toma de conciencia de problemas profundos: una falta de palabras de reconocimiento (acontecimiento exterior).

3. Le viene a su memoria que, cuando tenía quince años, es decir, a la mitad de la edad en que aparecieron los síntomas,[6] su padre, sin decir una palabra, se fue de la casa y no regresó jamás.
   Toma de conciencia de problemas todavía más profundos: el silencio definitivo del padre (acontecimiento exterior).

4. ¿Cómo interpreta ella este silencio?: "No tiene nada que decirme, no me ama; no me ama porque no soy interesante".

---

5. La actitud terapéutica y ética es, ante todo, una disposición a escuchar y a acompañar al paciente según su propio ritmo, y no una pretensión todopoderosa y autoritaria a quererlo "curar" en tres sesiones de terapia breve. Nada es mas insoportable —y perjudicial para los pacientes— que el despotismo terapeutico y, de una vez por todas, nos excluimos de toda forma de dogmatismo o de ideología.

6. Según los ciclos actualizados por Marc Fréchet

Identificación de una creencia no consciente: "no soy interesante" (acontecimiento cognitivo).

5. Cualquier silencio la pone en contacto involuntario e inconsciente con ese momento, para ella insuperable, de la partida de su padre.

Silencio = no soy interesante

De esta manera, para ella, el silencio es insoportable, lo cual implica la creación, en su cabeza, de un sonido grave permanente, como era también grave la voz de su padre ausente. Escuchar ese sonido llena el vacío y es una función positiva, esencial; es la respuesta al vacío intolerable, mucho más importante para el inconsciente que las preocupaciones o la molestia de escuchar toda su vida ese sonido. Es la coherencia del síntoma, su utilidad, la razón que hace posible su existencia y su mantenimiento.

Silencio = "no soy interesante"
Sonido grave: "soy reconocida por un hombre"

Una vez que la relación queda establecida, y sólo entonces, podemos comenzar a buscar la creencia limitante. El inconsciente tiene necesidad de preliminares para poder abrirse, así como las flores tienen necesidad del calor y de la luz de la primavera para desplegarse.

Definir la creencia limitante, activa y responsable del problema

Localización o descubrimiento de las creencias

No reconozco sino lo que conozco

A menudo, las creencias están escondidas incluso para la persona misma que las lleva consigo. Sin embargo, son esas creencias las que nos hacen elegir y que a veces nos limitan. Y por ello puede ser indispensable saber localizar una creencia y, en ese objetivo, conocer su definición:

Una creencia es un vínculo arbitrario entre dos objetos. Se organiza alrededor de un cuantificador universal y, en ocasiones, un operador modal de obligación.

El descubrimiento final de una creencia nos parece una etapa muy importante que puede, en ocasiones, ser larga y difícil, y requerir una cierta constancia. A veces, el proceso podrá ser también rápido y sencillo.

Con frecuencia, cuando el sujeto logra adquirir conciencia de su creencia y definirla con claridad, ésta pierde su fuerza vinculante. Como consecuencia, se da cuenta de que su conducta, su pensamiento o su malestar estaban asociados de manera directa con esta creencia absurda u obsoleta, rebasada, perjudicial, inoportuna y, en todos los casos, parcial y dudosa.

Descubrir una creencia limitante es, en todos los casos, una etapa indispensable para quien se involucra en un trabajo consigo mismo. Sucede que la toma de conciencia no es suficiente para hacer ceder o para suavizar la creencia. El sujeto identifica la creencia, la reconoce en su estado de inadaptada y apremiante y continúa chocando con ella, como una boya en plena tempestad.

El descubrimiento de los errores lógicos que entran en juego en las creencias (inferencias arbitrarias, sobregeneralizaciones, abstracciones selectivas, etcétera) será, entonces, un medio complementario eficaz para identificar, precisar y generar movimiento en las creencias limitantes.

Definición de los errores lógicos

"¿No es penoso sufrir por un error...?"

Los errores lógicos han sido descritos y formalizados por los teóricos de las terapias del comportamiento y cognitivas (TCC) y después retomadas por la PNL en particular. Son errores de razonamiento que intervienen en la manera como nuestros esquemas de base, creencias o escenarios de vida nos conducen a volver a sentir ciertas emociones y a adoptar conductas congruentes.

Los errores lógicos son:
— La sobregeneralización: sacar conclusiones generales y globales después de un acontecimiento. Por ejemplo, a partir de un solo incidente, el sujeto va a extender a todas las situaciones posibles una experiencia dolorosa aislada: "Fracasé en mi examen; por tanto, fracaso en todo lo que hago". Es una descontextualización.

— La minimización y la maximización: minimizar los puntos positivos y exagerar, por el contrario, los negativos. Se atribuye un valor mayor a los fracasos y a los acontecimientos negativos o se desvalorizan los éxitos y las situaciones felices: "Tuve éxito en mi examen, pero fue un golpe de suerte, estaba fácil…"; "Dejé quemar el asado, en verdad soy una mala madre, no van a quererme…".

— La inferencia arbitraria consiste en sacar conclusiones sin pruebas, ahí donde nada permite hacerlo: "Estoy deprimida porque me falta voluntad"; "mi hija no me llamó el día de las madres, lo cual me indica que le importo muy poco".

— La abstracción selectiva: estriba en juzgar una situación con base en uno solo de sus aspectos e ignorar los demás. Es centrarse en un solo detalle: "Obtuve una mala calificación en mi examen, soy un mal alumno".

— El razonamiento en todo o nada: razonar sin matices, sin considerar nada más que los extremos y omitir toda una gama intermedia: "Amar es dar todo. Si no se da todo, eso significa que no se ama".

— La personalización: atribuirse la responsabilidad de situaciones que no nos conciernen en forma directa; sobreestimar las relaciones entre nosotros mismos y los acontecimientos desfavorables. Sentirnos responsables de las desgracias del mundo: "Si yo hiciera bien mi trabajo, todo iría mejor"; "Si fuera una buena madre, mi hija no tendría dificultades en la escuela".

Como puede observarse en los ejemplos mencionados, el descubrimiento de errores lógicos en el discurso nos coloca de modo directo sobre la pista de las creencias.

¿Definir una o varias creencias limitantes?

"Mi nombre es legión, porque somos muchos".

(Nuevo Testamento)

El ser humano no está constituido por un solo bloque monolítico. Somos seres complejos, paradójicos, ambivalentes. Hay muchas partes en el interior de nosotros mismos, como varias subpersonalidades, y cada una tiene sus creencias, sus angustias y sus modalidades relacionales. Algunos autores hablan de "pluralidad interna" (Kaes); otros, de subpersonalidades o de "diversas existencias psicológicas" (Janet); otros, incluso, de "estados del Yo" (Federn, Watkins). Estas nociones, mismas que se refieren a modelos teóricos muy diversos, tienen en común esta aprensión del ser humano como ser múltiple en el interior de sí mismo.

Pierre Janet: el concepto de diversas existencias psicológicas

Al estudiar el funcionamiento psíquico a partir de la observación de los fenómenos hipnóticos (catalepsia y sonambulismo, memoria y amnesia, sugestión, etcétera), Pierre Janet postula la existencia de una vida psíquica inconsciente. En *El automatismo psicológico* (1889), describe cierto número de fenómenos psicológicos de los cuales se deriva el concepto de "diversas existencias psicológicas", que pueden ser sucesivas o simultáneas, naturales o generadas a través de la hipnosis.

Janet describe la actividad del espíritu como una operación de síntesis activa que conecta o se fusiona en un estado único de diferentes sensaciones, percepciones, recuerdos, creencias, representaciones, etcétera y, en un segundo tiempo, las asocia al grupo de imágenes y de juicios previos y constituye el Yo o la personalidad.

Se produce, entonces, una operación de filtración o de selección de los elementos del campo de la experiencia, ya sea en razón de factores cognitivos (limitación normal de las capacidades de tratamiento de la información o "estrechamiento del campo de la conciencia") o de factores afectivos, como un conflicto interno.

Janet explica que "la operación de síntesis parece poder elegir y vincular al Yo, por consecuencia a la conciencia personal, en un momento unos, en otro momento otras" (Janet, 1889).

Desde ese momento, se halla toda una serie de componentes diversos del campo de la experiencia, ya sea no percibidos o relegados al campo inconsciente. Esos elementos pueden reunirse para formar "compuestos inestables" que, por lo regular, son de corta viabilidad y no tardan en disolverse, pero puede suceder, también, que se organicen en "grupos de fenómenos reunidos en la actualidad" (Janet, 1889), aunque desconectados los unos de los otros, lo cual deriva en lo que el autor llama un estado de desagregación. Janet desarrolla la idea de que ese mecanismo psicológico es especialmente identificable en las patologías mentales que "muestran con mayor claridad aún el desarrollo de ese grupo secundario de fenómenos y la formación de diversas formas de existencia psicológica".

Estas existencias psicológicas secundarias son, así, compuestos más o menos complejos, más o menos ricos, de elementos variados tomados del campo de la experiencia, no integrados en el Yo, reunidos en grupos que perduran en el nivel inconsciente y que sólo se manifiestan en determinadas ocasiones, de manera espontánea o artificial (por ejemplo, en estado de hipnosis).

Un grupo constituido de ese modo, comenta Janet, puede dar nacimiento a un juicio particular, que él llama "la idea del Yo", el cual reconoce su unidad y dice "Yo". "Los sistemas de elementos psicológicos parecen tener vida propia y esta vida de un sistema psicológico es lo que constituye las diferentes personalidades" (Janet, 1889).

Si Janet describe bien el mecanismo cognitivo que entra en juego en la constitución de estas personalidades —o personajes— secundarios (mecanismo descrito como debilidad de síntesis actual, llamada también "debilidad moral" o "miseria psicológica"), no formula hipótesis sobre los orígenes de dicha debilidad y las posibles implicaciones afectivas subyacentes. Éste no es, sin embargo, el objeto de su estudio; es, ante todo un "ensayo de psicología experimental y objetiva". Sobre todo, sugiere de paso, que la "miseria psicológica" puede deberse a algún factor hereditario, o bien, a un estado de debilitamiento físico, accidental o por la propia constitución, o bien, incluso, a debilidades pasajeras, "a la emoción que ejerce una acción disolvente en el espíritu, disminuye su síntesis y lo vuelve, por un momento, miserable" (Janet, 1889).

Deberemos recordar, en resumen, la noción de un fallo particular de la capacidad de síntesis del Yo para integrar las informaciones en una sola conciencia personal, lo cual será el origen de la formación de diversos compuestos, conglomerados, que llevan existencias paralelas en el seno de la psique.

Este proceso es, de acuerdo con Janet, indispensable para comprender las patologías mentales. No obstante, existen, además, aunque en un grado menor, en todo ser humano. Con toda humildad, Janet reconoce que un estado de salud mental perfecto correspondería a una capacidad de síntesis sin falla, de la cual pocos pueden presumir. Simplemente, esos estados precipitados e inestables desaparecen con rapidez, aunque que parecen cristalizarse en las organizaciones patológicas y permiten dar cuenta de lo que Janet denomina los "automatismos psicológicos" que, en última instancia, no son otra cosa que producciones del inconsciente.

De esta manera, todo sucede como si el ser humano estuviera constituido por el ensamblaje más o menos funcional, adaptado, feliz, de un conjunto de subpersonalidades que tienen cada una su vida propia, con su red de experiencias, de emociones y de creencias. Es como un grupo de individuos en una casa. Esas subpersonalidades pueden o no comunicarse entre sí y pueden o no tener creencias compatibles.

En algunos casos complejos, se podrá intentar identificar las distintas subpersonalidades y las creencias de cada una de éstas.

Conflicto entre valores, conflicto entre creencias

"Hay más Yos que otros". (Paul Valéry, *Cuadernos*)

El ser humano, en su riqueza y su dolor, no es uno. Es un ser múltiple. Diferentes enfoques terapéuticos han teorizado sobre esta "pluralidad psíquica" y han desarrollado modelos de intervención, con la intención de trabajar a partir de esas diversas partes de la personalidad.

Pienso aquí en numerosas personas que han recibido una educación muy impregnada de valores religiosos. Crecieron y se desarrollaron en una cultura familiar impregnada de moralismo, de conciencia del pecado, en donde es importante, por ejemplo, amar a los otros y olvidarse de uno mismo o, incluso, en donde el placer es, si no culpable, al menos altamente sospechoso.

Una de esas personas, a quien recibí en consulta, se sentía desfasada en relación con sus preceptos. Percibía confusamente que no era justo. Experimentaba una necesidad de existir, de ser amada y de divertirse, pero otra parte de ella condenaba este sentimiento y lo calificaba de egoísmo. Una instancia exterior internalizada entró en conflicto con sus necesidades personales. Sentía que no era justo, pero creía que tenía que responder a sus exhortaciones para ser amada por sus padres. Tenía, al mismo tiempo, una necesidad, la de ser amada, y su prohibición.

> Ocuparse de sí misma, existir, ser amada = ser egoísta
>
> Amar a los otros — ser amada por sus padres

Pero, también, de manera simultánea:

> Ocuparse de sí misma, existir, ser amada = ser normal, sentirse bien

Comprobaciones lingüísticas

Desde un punto de vista fenomenológico, esta pluralidad psíquica se manifiesta en el discurso o en las producciones escritas a través del uso de un cierto número de marcadores discursivos. Estas formas lingüísticas evocan la expresión de un Yo plural o la manifestación de un discurso con varias voces (polifónico). Con frecuencia, son los testigos de una oposición, de un conflicto interno.

Entre esos marcadores, podemos señalar los siguientes como los más evidentes.

> - Algunos pronombres impersonales indefinidos ("uno", "nosotros", impersonal)
> - Pronombres definidos o asociados con formas verbales impersonales ("digamos que…")
> - La desaparición del pronombre personal "Yo" en frases sin sujeto ("sin ganas de comer")
> - La utilización del modo pasivo ("yo estoy destrozado")
> - Algunos tiempos y modos verbales (condicional)
> - Así como múltiples precauciones verbales ("pienso que creo que quizá sea posible visualizar y suponer…")

Desde un punto de vista psicológico, en la dinámica del mantenimiento, muy a menudo atrae nuestra atención el hecho de que ciertos contenidos, actuados por el sujeto, son, en realidad, los enunciados de otro o de muchos otros, en los cuales el paciente es el portavoz. Una pluralidad de pronombres parece expresarse y ocupar, a su vez, la parte frontal de la escena.

"¿Quién habla? ¿Quién dice eso…?". El sujeto, alienado, ¿se habrá convertido en el que lleva la palabra, en la voz de uno o de varios otros…? Estos "otros" no tienen las mismas opiniones, las mismas creencias. El discurso nos hace, en ocasiones, escuchar ecos de esas diferentes voces, de identificaciones múltiples en el Yo de esos pacientes, mismas que se ubican en conflictos en los que el síntoma aparece como una tentativa de resolución.

Recuerdo un caso en el cual una mujer se contradecía sin parar. En apariencia, nada explicaba sus malestares: no tuvo una infancia terrible ni un trauma… sólo un conjunto de recuerdos familiares que habían encontrado en ella un vehículo para expresarse (cf. Salomón Sellam, *El síndrome del tendido*, véase la bibliografía).

Prácticas psicoterapéuticas

Desde el punto de vista teórico, cierto número de autores han puesto en evidencia y formalizado esta pluralidad psíquica. Las investigaciones más recientes en este campo son, sin duda, las del psicoanalista francés René Kaes, en sus conceptos de "grupalidad psíquica" y de "grupos internos" como datos fundamentales y *a priori* de la organización y del funcionamiento psíquico.

Sobre el plano de las prácticas psicoterapéuticas, cierto número de enfoques, en sus protocolos de intervención o en sus fundamentos teóricos, movilizan el aspecto plural de la psique a través de la atención de los títulos diversos de los modelos de las partes de la personalidad.

Estas tácticas invitan al sujeto a actuar, en una escena, distintas partes de su psique, bajo formas diversas (simbólicas, espaciales, de la conducta, del lenguaje...), partes que, por lo general, están en conflicto unas con otras, para intentar elaborar una solución a través de un diálogo imaginario.

Es el caso, por ejemplo, en el campo de las psicoterapias humanistas, de la terapia Gestalt (Fritz Perls), del análisis transaccional (Eric Berne), de la programación neurolingüística (Grinder y Bandler); aunque también en ciertas prácticas de terapias individuales en situación grupal, como el psicodrama, la psicogenealogía según el modelo de las constelaciones familiares, de Bert Hellinger; así como en el campo de la hipnoterapia contemporánea, del modelo de los "estados del Yo" (J. & H. Watkins; Maggie Phillips).

Protocolo del carnicero-salchichero

Cuando usted tenga la idea o la impresión de estar como habitado por un conjunto de subpersonalidades:

1. Tome una hoja para dibujo.
2. Dibuje su cuerpo de manera espontánea, como en los diagramas de cortes de carne; es decir, con líneas punteadas que separen de manera aleatoria cada una de las secciones de su cuerpo.
3. Después, atribuya cada zona (muslos, espalda, costillas, etcétera) a tal o cual persona, ancestro conocido o desconocido, todo ello de manera intuitiva.
4. Una vez que el ancestro esté identificado con su segmento del cuerpo, dialogue con él hasta encontrar cuál pudo haber sido la razón para proyectarse de esta manera en usted, de forma simbólica, metafórica, claro, pero en ocasiones consecuente.
5. Este intercambio, este momento de diálogo, es importante para que aparezcan las informaciones, las proyecciones, las exhortaciones, las creencias transmitidas de generación en generación y de las que usted es el depositario, a pesar de no haberlo decidido así.
6. Cuando todo haya sido dicho y escuchado, el ancestro puede partir en forma definitiva y dejarle a usted su ser completo.
7. Mientras quede una información, un secreto, allí permanece, él o una parte de él (en términos metafóricos: una parte del cuerpo).
8. Al finalizar el protocolo, la sensación es siempre una impresión de unidad reencontrada.

Protocolo del arca de Noé

1. Al inicio es posible seguir el mismo planteamiento; es decir, partir de una situación en la cual uno se siente en conflicto consigo mismo, insatisfecho, como atormentado por múltiples contradicciones.
2. De manera instintiva, elegir en un grupo de pequeños animales de plástico, como juguetes de niño, un animal por cada entidad interior, por cada malestar, por cada creencia, por cada valor; es decir, lo que llegue a la conciencia durante el reencuentro.
3. Ya que se escogió a cada animal, sin buscar lo que representa, dejarlo hablar sobre su concepción del mundo, de la vida, de la muerte, por qué permanece allí, sus insatisfacciones.
4. Escucharlo con atención y permitirle expresar lo más que pueda.
5. Y, cuando así sea el caso, el animal acepta partir y se deja al sujeto consigo mismo.

Ahora, vamos a ver cómo desestabilizar el funcionamiento, incluso si ya el hecho de descubrirlo genera casi siempre un cambio importante.

Desestabilizar una creencia

"El error es el olvido de la verdad contraria". (Pascal)

Cambiar de creencia es cambiar de referencias

Con frecuencia, observamos en terapia hasta qué punto las personas están atadas a sus creencias. Si comenzamos a tocar ese sistema, o a ponerlo en duda, sólo remarcaremos, por ejemplo, que quizá sólo se trata de una creencia, y así podemos desencadenar reacciones fuertes y, en ocasiones, de agresividad. Las personas se sienten, en efecto, agredidas, amenazadas en sus valores profundos e incluso en aquello que toca su identidad personal.

Hasta cierto punto, como lo hemos visto, el ser humano tiene necesidad de creencias. Tenemos necesidad de creer en algo. Es un poco como un esqueleto, sin el cual no podemos movernos, desarrollarnos y desplazarnos. La creencia tiene, entre otras, una función organizadora. Las creencias organizan nuestra relación con el mundo, crean referencias, nos permiten dar un sentido a lo que nos sucede. Representan una base sobre la cual podemos apoyarnos para ir más lejos.

Pero, también, desde el momento en que cuestionamos las creencias, podemos esperar ver el surgimiento de resistencias destinadas a protegernos de la angustia, de la tristeza, y, en ocasiones, de la agresividad. Podemos sentirnos juzgados, rechazados, culpables, etcétera, porque estamos muy identificados con nuestras creencias.

"Roca estable" y "buen objeto interno"

Para poder tocar nuestras creencias activas, para desestabilizarlas o flexibilizarlas, es indispensable establecer o descubrir en el interior de nosotros lo que llamamos una "roca estable". Eso va a permitirnos ir al encuentro de nuestra creencia, calificarla como limitante y visualizar la posibilidad de retirarnos de su influencia.

En el transcurso de nuestro desarrollo y de nuestra vida, todos hemos evolucionado en nuestras creencias. Lo que ha permitido esta evolución, esos cambios, es una autonomía de la identidad, una diferenciación entre nuestra identidad (lo que somos, eso que se mantiene a través de los cambios) y nuestra creencia limitante (lo que pensamos que somos).

Testimonio personal

Cuando era adolescente, compartía conmigo mismo, y con algunos otros, una creencia muy fuerte según la cual era imposible no amar a los Beatles cuando uno conocía su música. Ante mis ojos, las personas a quienes no les gustaban los Beatles debían necesariamente ser sordas, estúpidas, de mala fe. A toda persona abierta de espíritu, por fuerza debían gustarle los Beatles. Cuando conocía a una nueva persona, una de las primeras cosas que le preguntaba era: "¿Conoces a los Beatles?". Si no era el caso, la llevaba a conocer su música. La segunda pregunta era: "¿Te gustan?". Una respuesta negativa era decepcionante. No visualizaba el interés de creer en esa persona ni de vincularme con alguien tan cerrado, obtuso y poco inteligente. Si la persona respondía en forma afirmativa, podíamos pasar a la siguiente etapa y podíamos convertirnos en los mejores amigos del mundo.

Eso duró varios años. Después, encontré la religión católica. Y preguntaba a las personas a quienes conocía si eran creyentes, si conocían y amaban a Jesús. Y las personas que no se interesaban en Jesús no me interesaban a mí. Pensaba que no eran lo bastante abiertas, sin darme cuenta de que era yo quien no lo era. Mi evolución personal, mis reencuentros, me han permitido tomar distancia en relación con los Beatles y la Iglesia católica. Con el tiempo, descubrí un nuevo acercamiento con la enfermedad, con la decodificación biológica, y me involucré mucho en ello. Hablaba mucho de la decodificación biológica, se la explicaba a las personas que conocía y, si compartían esas opiniones, podíamos tener buenas relaciones, pero, en el caso contrario, la relación se hacía superficial o inexistente... Ahora, poco me afecta lo anterior porque mis creencias han evolucionado: se flexibilizaron mientras la conciencia de mi identidad personal se consolidó. Mi creencia actual es que, si comparten o no mis opiniones, eso no tiene ninguna incidencia sobre la calidad de la relación.

Este testimonio es representativo de la necesidad que podemos tener para relacionarnos con otros individuos, para compartir un objetivo común. Cumple la función de "objeto de relación". Esto disminuye, en cierta manera, la alteridad del otro, quien en realidad no es un desconocido. De algún modo, este objeto común nos vuelve familiares. Si tenemos algo en común, podemos sentir curiosidad e interés por el otro, enriquecernos del otro, de valores y creencias diferentes, sin sentirnos demasiado sacudidos, demasiado amenazados. Las actitudes rígidas, exclusivas, intolerantes, incluso agresivas, son prueba de una fragilidad de características narcisistas. Podemos tener la capacidad de cambiar de creencia a partir del momento en que hayamos podido constituir en el interior de nosotros mismos esa "roca estable"; en otras palabras, un "buen objeto interno" y ya no más uno externo, aunque éste sea el *rock and roll*...

No puede aceptarse cambiar de creencia si no se tiene ya algo más en qué creer

La naturaleza, es bien conocido, tiene horror del vacío. Uno no puede aceptar cambiar de creencia, si no tiene ya otra creencia que pueda reemplazarla; por ejemplo, puedo aceptar creer que mis padres no me darán toda la felicidad que necesito y no satisfarán todos mis deseos a partir del momento en que yo crea que, más allá de mis padres, hay otras fuentes de felicidad, de placer, de gratificación, que son las personas del otro sexo, por ejemplo, en la pubertad.

Nosotros nos enfrentamos a las reacciones defensivas negativas cuando intentamos relativizar el contenido del enunciado, cuando hacemos bajar la creencia de su pedestal de verdad y la tomamos como lo que es: una construcción de nuestro espíritu, una forma, entre muchas, de representarnos el mundo, la vida, a los demás y a nosotros mismos. El problema es que esta construcción, esta representación interna del mundo externo, nos es necesaria para poder vivir en este mundo. No nos escapamos a las representaciones y, por consiguiente, a las creencias que las organizan y les dan forma.

Se trata, entonces, ya no de no creer en nada, sino de creer en algo diferente, de pasar de una creencia limitante a una creencia de apertura, dinámica, orientada hacia el futuro y al desarrollo de nuestras potencialidades.

Compare las creencias en los siguientes ejemplos:

Señor X: "Necesito que me vean para sentirme reconocido (criterio de reconocimiento), pero, si no me ven y no me siento reconocido, no es algo grave. Me molesta un poco, pero no pasa de eso".

Señor Y: "Necesito que me vean para sentirme reconocido, tengo necesidad de ser reconocido para amarme a mí mismo. Tengo necesidad de amarme para tener autoestima. Tengo necesidad de autoestima suficiente para sentirme seguro. Tengo necesidad de sentirme seguro para poder sobrevivir y necesito sobrevivir para poder vivir".

La cuestión en este último caso es:

¿Acaso puedes vivir sin estar en esta supervivencia?

No.

¿Puedes estar en esta supervivencia si no te sientes seguro?

No.

¿Puedes sentirte seguro si no tienes autoestima?

No.

Etcétera.

> Mirada de los demás → ser reconocido → amarme →
> tener autoestima → seguridad → sobrevivir → vivir

De esta manera, dado que hay un vínculo absoluto entre los criterios, estos últimos están soldados entre sí. Y, en este ejemplo, ello significa, en resumen: "si no me ven, estoy muerto". Porque todo está relacionado por completo. Es una red de criterios, un territorio de creencias.

Desestabilizar una creencia es poner en duda el vínculo, la generalización:

¡No puedo estimarme si no estoy en una situación de seguridad!

¿Está usted satisfecho de este funcionamiento?

¿Es un pensamiento que le da felicidad?

¿Es algo que usted quiere transmitir a sus hijos?

¿No conoce usted a alguna persona que pueda estar sin seguridad y que, al mismo tiempo, sea capaz de tener autoestima?

Por lo común, este tipo de cuestionamiento va a comenzar a desestabilizar la certeza del sujeto.

Trabajar a partir de situaciones precisas

Para evitar las descontextualizaciones que derivan en generalizaciones excesivas y en razonamientos de todo o nada, es preciso definir un contexto preciso en el cual el sujeto tiene una creencia.

Ejemplo:

"Todo el mundo es hipócrita. Eso me desespera."

— ¿Realmente todo el mundo?

— ¡No! Los niño, no.

— ¿Y los ancianos?

— No, menos…, más bien los adultos hombres que tienen entre cuarenta y cincuenta anos, como mi jefe, ¡es un verdadero cabrón! Una vez me traicionó, hace ya algún tiempo, y jamás lo perdoné. Delante de mí me halagaba, y un día, una compañera de trabajo me dijo que no creyera ni una sola palabra de él. Un día, delante de la cafetera, ella me dijo que él se burlaba de mí en las reuniones…; y después, ellos salieron juntos. ¡Quizá fue ella quien me mintió! ¡Ah, la malvada, la malintencionada!

Cuando permanecemos en las generalidades, nada de lo que se dice es verdad, todo es construcción de la mente, reconstrucción de nuestra historia, de nuestros recuerdos a partir de nuestros fantasmas, como en este ejemplo. Sólo una situación verdadera, precisa, lo que significa en un lugar y a una hora, restituye toda su verdad emocional y sus creencias viscerales del momento.

La señora P se queja de su suegra, quien nunca la invita, y expresa su creencia: "No es correcto, eso no se hace, debe recibir a su nuera como si fuera su hija".
— Hábleme de un momento preciso.
— Hace diez días, una tarde, estaba con ella y ella habló por teléfono con su hija durante toda la comida.
— ¿Qué es lo que sintió, qué experimentó?
— Tristeza.
— ¿Qué es lo que no está satisfecho en usted, qué necesidad, qué valor?
— Ser reconocida. Si no me hablan, significa que no valgo. Yo me digo que es tonto creer eso, pero no puedo evitarlo.
— Entonces, su criterio es:

$$\boxed{\text{Palabra del otro} \rightarrow \text{tener valor}}$$

Es la creencia visceral. La creencia intelectual enunciada (poco útil, por ser mental, poco activa en la vida emocional y corporal) era, en ese caso:

$$\boxed{\text{Nuera} = \text{hija}}$$

Principios terapéuticos

1. Cambiar el sentido sin cambiar el acontecimiento.

Descubrir los errores lógicos en el discurso y en el razonamiento:

—Descubrir las atribuciones.

"Encuentro que mi hija no es feliz."
"Si su hija sacó adelante su bachillerato, ¿pensaría que es gracias a usted?".

—Definir las palabras.

—Visualizar una escala analógica.

Visualizar permite darse cuenta de que, de hecho, se está en medio, en alguna parte entre dos extremos, de manera opuesta al razonamiento todo o nada:

Nulidad ——————— perfección
Mala madre ——————— buena madre

—Reevaluar los esquemas.

No suprimir, sino dar otras opciones, activar otras creencias.
"La mejor de las madres no es la que permite a su hija obtener logros, sino vivir la experiencia de fallar, porque el amor es sin prueba ni mérito".

**—Encontrar uno o varios contraejemplos a eso que usted considera
como una verdad.**

"¿Ha habido alguna vez en la que su hija haya sido feliz gracias a usted?".

**Buscar las pruebas u otras pruebas que validen
otras formas de ver las cosas.**

"¿La felicidad se debe siempre al comportamiento de los demás?".

—Diferenciar los niveles lógicos.

Por ejemplo, los pasos del comportamiento a la identidad.

"Cuando su comportamiento es inadaptado y luego se vuelve adaptado, ¿acaso su identidad cambia?".

—Utilizar la flecha descendente: permite actualizar los esquemas cognitivos de base.

¿Y si era verdad (que fue su culpa)…, en qué aspecto sería un problema?".

Se llega a los esquemas, a las creencias fundamentales; por ejemplo, los esquemas de abandono, de perfeccionismo: "para ser amado, hay que ser perfecto".

Como ya lo precisamos, este tipo de intervención está inspirado por la "mayéutica" o "el arte de hacer nacer", de Sócrates. Las preguntas elaboradas por el terapeuta intentan probar lo que está presente como evidencia y permiten visualizar otras posibilidades. No se trata de emplear una retórica de persuasión, sino, más bien, de llevar al paciente a descubrir en él mismo las inclinaciones o sesgos, los errores y las contradicciones en su razonamiento.

El terapeuta debe abandonar la postura de ser "el sujeto que se supone que sabe"; el paciente debe ser partícipe de su terapia desde una perspectiva de colaboración. Se restituye al sujeto la capacidad de cambiar y de disponer de herramientas para sentir que puede cambiar por él mismo, que él es participante y responsable de su cambio y no sólo una víctima impotente de sus síntomas.

Al actuar así, en forma permisiva, el terapeuta pone en acción de manera implícita una metacreencia de apertura: "El paciente tiene recursos en sí mismo, puede ser autónomo".

"Lo que era bueno antes": introducir la duda

1. Responda a esta pregunta: "¿Qué consideraba usted como verdad, en el pasado, pero que después descubrió que era falso? Por ejemplo, cuando usted era pequeño, creía en Santa Claus y descubrió, al crecer, que no existía. Es probable que sus padres le enseñaran que el sexo era malo, pero, con el tiempo, usted tuvo relaciones sexuales y fue una experiencia maravillosa. Lo engañaron, o quizá se engañaron a sí mismos. ¿A propósito de qué o por qué razón usted evolucionó?".

2. Responda con libertad y de la manera más completa posible.

3. Después, hable de su creencia limitante en pasado, como algo antiguo, rebasado. ¿Cuál es su sensación profunda? ¿Alivio? ¿Angustia?

4. De esta forma usted introduce la confusión, la duda profunda sobre la pertinencia o validez de esta creencia.

Debe utilizarse con precaución y moderación.

2. Algunos principios generales de las terapias conductuales y cognitivas (TCC)

"No son los acontecimientos del mundo lo que nos preocupa, sino la idea que nos hacemos de ellos". (Epicteto)

El enfoque cognitivo tiene por objeto las relaciones entre:

— Situaciones,
— percepciones,
— pensamientos,
— emociones y
— comportamientos.

La TCC se centra en el comportamiento y le plantea un problema al paciente, el individuo visto en interacción con su medio y no sólo como un ser dirigido por preocupaciones y dificultades internas. El modelo de esquemas cognitivos de Beck fue elaborado para atender los procesos que se dan en la depresión y se ha extendido a los problemas de la personalidad y a otras patologías mentales. Se apoya en los modelos de tratamiento de la información.

De acuerdo con este modelo, lo que desencadena la reacción emocional no es tanto la situación "real", sino la interpretación que hacemos de ésta. El modelo cognitivo postula que pueden definirse los "malos tratamientos" específicos a cada patología mental: "El depresivo se maltrata al tratar mal la información" (Beck).

Ambiente
↓
Estimulación sensorial
↓
Creencias sociales y familiares, experiencias
precoces, pasado, aprendizajes, dificultades
↓
Sentido: reglas → procesos; errores lógicos, acontecimientos
cognitivos: pensamientos, diálogos internos, monólogos
↓
Respuestas: emoción, comportamiento
↓
Terapia: reevaluación, actualización

Dentro del tratamiento de la información, hay tres tipos de estructuras que intervienen: los esquemas, los procesos y los acontecimientos cognitivos, mismos que se colocan entre los estímulos del ambiente y la respuesta del sujeto. Estas tres estructuras, las cuales son responsables de la selección y del tratamiento de la información, interactúan con las emociones y con el comportamiento.

Los esquemas procesan la información de manera automática. Son adquiridos en el transcurso de las experiencias pasadas, con frecuencia precoces, y resultan de la interacción entre el aprendizaje y las dificultades del sistema nervioso central. Filtran la información, dan un sentido a la experiencia, a lo vivido, y ese sentido produce, a su vez, la emoción.

En este sentido, los esquemas cognitivos representan el peso del pasado sobre el presente y el futuro del individuo y se encuentran en la base de fenómenos de autorrealización de las profecías. Se muestran como conjuntos de creencias y de reglas inflexibles. Son los "postulados silenciosos" de forma verbal que, a menudo, es imperativa. Casi siempre, los postulados no son más que la exageración, la caricatura rígida de convicciones o de creencias comunes o compartidas por la cultura que nos rodea. Las terapias cognitivas se fijan como objetivo actualizar los esquemas, hacer hablar a los postulados silenciosos, con el fin de poder reevaluarlos.

El paso de los esquemas (no conscientes) a los acontecimientos cognitivos (conscientes: imágenes mentales, pensamientos automáticos, monólogos internos, que determinan el tipo de respuesta emocional de modo directo), se realiza al poner en funcionamiento cierto número de procesos cognitivos, que son reglas lógicas de tratamiento y de transformación de la información.

En ciertos estados de problemas psíquicos o de sufrimiento moral, los procesos cognitivos están determinados por el predominio de errores lógicos, o de "distorsiones cognitivas" (interferencia arbitraria, abstracción selectiva, sobregeneralización, maximización y minimización, personalización, todo o nada).[1]

Los terapeutas cognitivos conductuales no procuran sólo la desaparición de los síntomas, sin importar sus determinaciones sociales, familiares, educativas o biológicas; se inscriben, más bien, a un enfoque sobre la interacción bio-psico-social. Se trata, entonces, de un modelo abierto que integra diversas variables en la etiología de los síntomas psíquicos:

— vulnerabilidad biológica innata,
— factores producto de la historia personal del individuo (familia, educación, traumas…),
— estímulos actuales producto del ambiente.

Así, la disfunción cognitiva en este modelo constituye un factor de desencadenamiento al mismo tiempo que de mantenimiento de los problemas.

---

1. Véase pp. 170-171.

Modelo de interacción del análisis funcional
de Fontaine y Ylieff

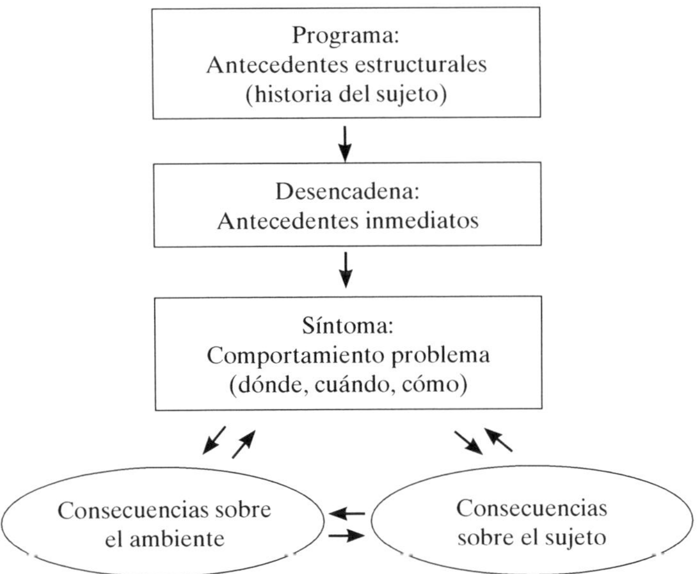

Las perturbaciones presentes en los problemas psíquicos, ya sean de orden biológico, cognitivo, afectivo, motor, motivacional, del ambiente o relacional no son para considerarse en términos de causalidad lineal, sino en términos de diferentes niveles de un problema unitario, lo cual orienta hacia un modelo multifactorial de las patologías mentales.

En el nivel terapéutico, las terapias cognitivas conductuales postulan que el hecho de actuar sobre los pensamientos (esquemas, creencias y procesos cognitivos) ocasiona modificaciones en el plan de la vivencia emocional y de la conducta, pero, también, en el otro sentido, que los cambios en las relaciones entre las acciones y sus consecuencias cambian los pensamientos y las emociones. Una vez dadas las interacciones estrechas entre los diversos niveles, puede entrarse entonces, en el sistema a un nivel o a otro para movilizar todo el conjunto. Cada método terapéutico eficaz levanta el bloqueo cognitivo (modifica la creencia) al actuar en un nivel que le es propio.

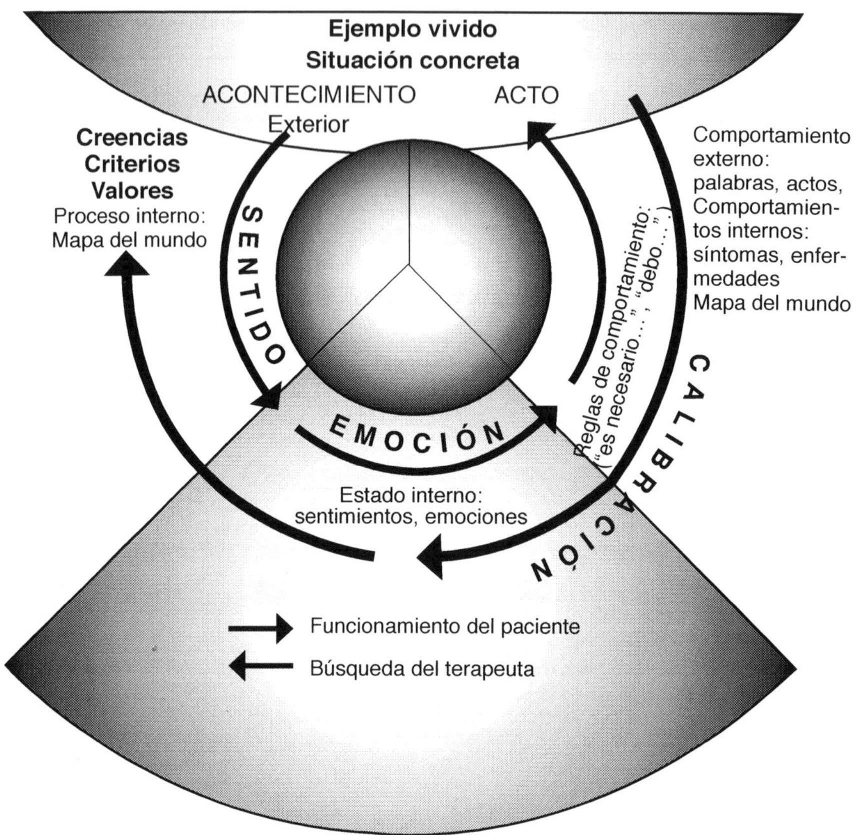

PAY CÓSMICO o índice de computación:
¿qué piensa, hace y siente el sujeto?
(de acuerdo con Lecorvoisier)

Algunos principios terapéuticos producto de la terapia Gestalt

La terapia Gestalt se sitúa en el campo de las terapias humanistas. Tiene por objetivo, según Fritz Perls, "desarrollar el proceso de madurez y el potencial humano, y llenar las fallas de la personalidad para restituir al individuo su totalidad".

El enfoque de la terapia del "aquí y ahora" descansa sobre la concepción humanista del ser humano con una necesidad fundamental de realizarse a través del desarrollo pleno de sus potencialidades creativas.

Con base en esos conceptos y en los postulados del pensamiento humanista, la terapia Gestalt sostiene una concepción de la personalidad vista como "totalidad que se manifiesta en la realización de sí mismo y que necesita la reintegración de las partes que habían sido cortadas o separadas de la personalidad" (Petit) y una concepción del comportamiento como "totalidad que emerge cuando una tarea (…) tentativa ha sido llevada a buen término" (*ibid.*).

De ahí, se desprende la idea de "Gestalts no terminadas"; es decir, experiencias incompletas que la persona reproduce en forma compulsiva hasta su terminación, para lo cual moviliza su energía y esto le impide invertirla en otro tipo de experiencias.

En el campo de la práctica psicoterapéutica, la terapia Gestalt pone en acción algunos dispositivos que, practicados en sesiones individuales o de grupo, buscan permitir a las personas tomar conciencia de sus "mecanismos de evitación" y cerrar sus experiencias mantenidas en suspenso.

Estos mecanismos calificados "de evitación", que corresponden a algunos mecanismos de defensa de la conceptualización psicoanalítica, sostienen un fraccionamiento de la personalidad y/o la constitución de cuerpos extraños no asimilados. Estos son, principalmente:

— la proyección,
— la deflexión (desplazamiento del afecto a otro objeto),

— la introyección y

— la retroflexión (hacerse a sí mismo lo que quisiera hacer a otra persona)
  → regreso a la persona misma.

La introyección merece aquí una mención particular: se trata de la interiorización de las exhortaciones de los padres y, en menor medida, de preceptos culturales, constituidos como cuerpos extraños en el interior del psiquismo, que dictan a la persona su conducta y le impiden, en ocasiones, realizar sus deseos profundos. De acuerdo con Fritz Perls, la introyección presenta para el sujeto un doble peligro:

> Por una parte, el que hace la introyección no tiene jamás la oportunidad de desarrollar su propia personalidad, porque está demasiado ocupado en mantener unidos los cuerpos extraños que están ubicados en su sistema. Mientras esté más cargado de exhortaciones, menos tiene lugar para expresar, e incluso para descubrir lo que es él mismo. Y, por otra parte, la introyección contribuye a la desintegración de la personalidad. Si se llegan a avalar dos conceptos incompatibles, la persona puede encontrarse desgarrada en pequeños fragmentos en el intento de reconciliarlos.

Asimismo, lo que se introyecta —objetos incorporados— puede mantener relaciones conflictivas y exponer a la persona al sufrimiento psíquico, a la compulsión de repetición o, por el contrario, a la inmovilidad.

El mecanismo de retroflexión lleva consigo, de igual manera, la marca de una pluralidad psíquica, de un conflicto interno que implica una división de la personalidad: me hago algo que quisiera hacerle a otra persona con quien una parte de mí se identifica.

Los dispositivos terapéuticos practicados en la terapia Gestalt traen a la escena, en forma de diálogos, juegos de roles (inspirados en el psicodrama de Moreno) o a través de diversos objetos (sillas, cojines, etcétera), "una metáfora en la cual pueden expresarse los múltiples aspectos de la personalidad (…). Se conciben para actualizar las resistencias, generar un mejor estado de conciencia, para facilitar los procesos de maduración".

La terapia Gestalt emplea diversas técnicas que contemplan la restauración de la unidad del ser por medio de la integración de las distintas partes de la personalidad.

Ejemplos de protocolos

La silla vacía

Esta técnica transcurre en una puesta en escena y de acción de sentimientos, de afectos, de representaciones o de imágenes, por medio de objetos, que, por lo general, son sillas vacías o cojines, que se convierten en el soporte proyectivo de un diálogo entre las diferentes partes en conflicto. El paciente puede, de esta forma, dialogar con sus diversos "personajes" invisibles y expresar a cada uno su resentimiento, sin riesgo de sufrir represalias.

Estas puestas en acción son, a menudo, practicadas en Gestalt y permiten la expresión progresiva, la acción y la liquidación de cierto número de "situaciones inacabadas", generadoras de comportamientos neuróticos repetitivos y de escenarios inapropiados o anacrónicos (Ginger). Se trata de

transformar la percepción interna que se hace el paciente de los hechos, de sus interrelaciones y de sus múltiples significados posibles. El trabajo se enfoca a favorecer una experiencia personal nueva, una reelaboración del sistema individual de percepción y de representación mental

---

El monograma

El monograma es una variante del psicodrama de Moreno en el cual el paciente actúa él mismo, uno a uno, los distintos papeles de la situación que se pone en escena. Se puede tratar de personas, de imágenes, de posiciones, de sentimientos, de necesidades, de deseos e incluso de órganos... Se invita al paciente a cambiar de lugar (por ejemplo, cambiar de asiento) cada vez que cambia de papel, pues el anclaje espacial tiene un efecto facilitador para la exploración de esas diversas instancias.

A semejanza del psicodrama en el cual se inspira, el monograma busca volver más explícito lo que está implícito y proyectar hacia una escena exterior, en un esquema seguro, lo que se actúa en la escena interna.

> El monograma facilita la puesta en escena de mi propio resentimiento, a medida que emerge de la situación "re-presentada" [...]. Lo que me importa, en efecto, no es representar a mi "verdadera" madre, sino, más bien, desentrañar mis propias representaciones internas, subjetivas y contradictorias, y como consecuencia, dar una nueva forma a mi imagen maternal [Ginger].

Una variante del monograma: actuar los contrarios

Esta técnica intenta hacer tomar conciencia al paciente de que algunas de sus conductas, a semejanza de las formaciones racionales, "representan la inversa de sus impulsos escondidos. Se le solicitará a un tímido que actúe de manera exhibicionista, a una persona que no pone atención, que escuche con atención lo que las otras personas dicen, etcétera. Al aceptar entrar en ese terreno que es generador de ansiedad, se pondrá en contacto con esa parte de él mismo que había negado o de la que había huido" (Petit).

El trabajo del sueño

De acuerdo con la terapia Gestalt, el sueño pone en escena una representación de nuestra existencia que incluye, como el comportamiento en el aquí y el ahora, la totalidad de los elementos que constituyen nuestra personalidad.

> Como permanecemos divididos en diferentes partes, todavía no integradas, el sueño comporta también muchos elementos distintos, los cuales representan a cada una de las porciones o partes de nuestra personalidad. El trabajo del sueño tendrá por objetivo integrar las partes separadas o dispersas de nuestro ser, para ponernos en contacto con su totalidad [Petit].

El trabajo del sueño en la terapia Gestalt consiste, en esencia, en proponer al paciente que se identifique, uno a uno, con cada elemento que compone el sueño y que exprese lo que experimenta en términos afectivos y cognitivos.

La terapia Gestalt postula que cada elemento del sueño debe considerarse como una Gestalt incompleta o como la expresión de una parte de la personalidad todavía no lo suficiente integrada o en conflicto con otra parte, representada por otro elemento del sueño.

> Al identificarnos sucesivamente con el demonio y con el ángel escenificados en el sueño, con el polizonte y con el muchacho malo, tomamos conciencia de la existencia real de esas polaridades en nosotros, del conflicto que implican y de la manera como esos aspectos de nosotros mismos toman el mando, en ciertos momentos, sin que nos demos cuenta [Petit].

Una vez descubierta y definida la creencia limitante, el siguiente asunto a atender es el deseo de cambio.

¿Quién quiere cambiar de creencia?

Una vez que la creencia ha quedado definida, sólo el paciente es apto para decidir si quiere cambiarla.

"¿Quiere usted mantener esa creencia o no?"

Incluso si es evidente que ya no nos resulta útil creer en Santa Claus, creer que el mundo entero quiere, que somos indispensables para la felicidad de todos los que encontramos en nuestro camino, que todos los perros son peligrosos..., es indispensable formular con claridad nuestro deseo de cambio, de "ya no creer más que...". En ocasiones, nos resulta difícil cambiar, inconscientes como somos de las consecuencias de nuestras creencias. No siempre logramos visualizar por qué deberíamos eliminar las creencias con las cuales estamos familiarizados, a las que nos hemos acostumbrado y que modelan nuestros "paisajes interiores", lo que sería un riesgo de desestabilización. Es posible que esos cambios se registren como pérdida, duelo, separación de una parte de nosotros mismos, etcétera.

Ésa es la razón por la cual proponemos el siguiente ejercicio:

— Siéntese con comodidad en una silla.

— Identifique su creencia limitante, aquella a la que lamenta abandonar.

— Imagínese dentro de un año con la misma creencia.

— Imagínese dentro de cinco años con la misma creencia y los efectos que eso traería.

— Imagínese dentro de veinte años con la misma creencia, los efectos de la misma creencia para usted y para los demás, todas las consecuencias en los diferentes ámbitos de los que usted quizá no tenga idea...

— Imagínese usted cercano a su muerte, tras haber conservado esa misma creencia, con todos los efectos y consecuencias de ello.

> — Imagínese que sus hijos, sus sobrinos y sobrinas, sus amigos, tienen la misma creencia. ¿En verdad es eso lo que desea? ¿Es eso lo que les desea?
>
> — Y ahora, ¿desea usted mantener para siempre esta creencia antigua?
>
> — ¿Por cuál otra nueva creencia la sustituiría?

Después, y sólo después, una vez que haya tomado conciencia del deseo de cambio y, de esta manera, que se haya "motorizado", es cuando debe definir la nueva creencia.

Para ello, se pasa de la rigidez de los operadores modales (tengo, debo…) y de los cuantificadores universales (siempre, jamás, nadie, por todos lados…) a enunciados más matizados y más realistas (yo puedo, quizá, es posible, en ocasiones) en los cuales se revisará la ecología para el paciente.

Definir una creencia generadora, de apertura

"El todo es cambiar". (Colette)

Un cuestionamiento del vínculo

¿Qué es una creencia generadora, de apertura?
¿Cómo se construye?
¿Cuáles son los criterios?

Lo que crea una creencia limitante, volvámoslo a decir, son los vínculos de igualdad o de implicación.

Dado que es la calidad del vínculo lo que caracteriza a la creencia limitante, lo que definirá a la creencia de apertura y generadora es el cambio de vínculo.

1. Los vínculos

Definir una creencia de apertura es cambiar el vínculo, arbitrario y rígido, por formulaciones más flexibles, más matizadas:

> - puede ser,
> - es posible,
> - a veces, en ciertos contextos,
> - en algún momento,
> - hasta hoy,
> - en este lugar,
> - algunas personas,
> - una parte de mí,
> - etcétera.

2. El motor

Transformar nuestras creencias limitantes entraña modificar el motor de nuestra vida, de nuestro pensamiento, de nuestras decisiones. El motor: "tengo que, debo…" que es un motor de dificultad, de obligación y que consiste en alejarse de los problemas, de lo negativo, del pasado, va a convertirse en la creencia de apertura, en un motor que toma la dirección del potencial futuro, de lo positivo, de las soluciones, etcétera.

Los términos que expresan esta apertura son, por ejemplo: "puedo, es posible, tengo permitido, tengo ganas de, es agradable…". Así, la impresión de todo o nada se vuelve más matizada, la rigidez deja su lugar a la flexibilidad y la exclusividad del todo o nada se abre para ir hacia más opciones. "Todos los hombres, todo el tiempo" se convierte en "algunos hombres, en ocasiones sí, en ocasiones no", lo cual abre posibles opciones y nuevas conductas.

De hecho, el aspecto general, impersonal, que se parece a una ley: "todas las mujeres son distraídas", se convierte en personal: "todas las mujeres que conozco, bueno, la mayor parte, hasta hoy, son con frecuencia distraídas".

Ya lo hemos dicho: la creencia limitante no toma en cuenta lo real, sino que lo reemplaza. Es un instante cristalizado. Después del cambio, la creencia se adapta al exterior y a nuestras necesidades interiores.

Ya sea de manera progresiva o más brutal, la actualización de una creencia generadora se acompaña a menudo de una impresión física. Las sensaciones se modifican, se aligeran, el cuerpo se distiende, se dinamiza, el tórax se abre. De hecho, lo que nos parecía reactivo al aspecto limitante de la creencia (bloqueado, rígido, tenso), se metamorfosea y, esta vez, se convierte en reactivo a las nuevas perspectivas de la creencia de apertura.

Ejemplo clínico de este trabajo de transformación:

> Una mujer de treinta años de edad quiere inscribirse en una escuela para formarse en un nuevo oficio. Para ello, debe aprobar un examen de admisión. Cuando se encuentra enfrente de los profesores, no puede ni hablar, no halla las palabras. El pensamiento está pasmado. Preparó transparencias, pero su mano tiembla y todo el mundo se da cuenta de ello.

En este contexto, el objeto concreto es: "los profesores me observan". El criterio que ella intenta satisfacer es de reconocimiento. Si ella es reconocida, se siente segura y, si se siente segura, entonces puede vivir. Pero ella no puede vivir si no está segura, y no está segura si no es reconocida.

Ser observada → seguridad → vivir

La terapia la llevó a desarrollar una nueva creencia tras actuar en los vínculos y luego de mantener intactos sus criterios y sus valores: "es importante vivir, sentirse segura, ser reconocida…, pero puedo estar segura sin ser reconocida por otra persona".

Sólo se trata de un trabajo sobre el vínculo:

"Puedo existir sin sentirme segura… No es cómodo, pero no me impide existir".

"Incluso si esas personas me observan, de hecho, pueden muy bien observarme y reconocerme, o bien, observarme y no reconocerme". En realidad, no hay otro vínculo entre esos dos objetos más que el que construimos ¡nosotros mismos! Y podemos etiquetarlo de otra manera, intentar modular ese vínculo, impugnarlo, transformarlo e introducir flexibilidad en él.

En lugar de operadores modales ("tengo que") y de cuantificadores universales ("siempre", "todo el mundo", "todo el tiempo") con sus características extremadamente rígidas, la proposición se enuncia así: "se puede", "a veces", "quizá", "una parte de mí", "de tiempo en tiempo"…

Cubrir el territorio de la antigua creencia

La siguiente pregunta, indispensable, es saber si la creencia de apertura reemplaza en forma total y verdadera a la creencia limitante.

Tomemos un ejemplo:

> "Todos los hombres son siempre hostiles y peligrosos, y yo tengo necesidad de ser amada por un hombre para poder amarme a mí misma."

La creencia de apertura y adaptativa no podría ser:

> "Todo el mundo me ama y yo soy admirada por todo el mundo."

Porque esto no tiene nada que ver con la creencia limitante y no cubre para nada el territorio de esta creencia.

Es el mecanismo de generalización y la discrepancia lo que sostiene a la creencia limitante que debe ser modificada al transformarla en creencia de apertura. En la creencia:

> "Todos los hombres son siempre hostiles."

Eso significa que hay que cambiar los "todos" y los "siempre". La formulación podría ser:

> "Algunos hombres, en ciertos momentos, en parte y en ocasiones, son agresivos y en ocasiones no lo son."

Esta formulación es mucho más de apertura; sin obstante, no está todavía completa. Dado que no cubre ni concierne sino a uno de los extremos de la creencia que el sujeto desea cambiar; su acción es parcial. Recordemos su formulación anterior completa:

> "Todos los hombres son siempre hostiles y peligrosos y yo tengo necesidad de ser amada por un hombre para poder amarme a mí misma."

La segunda parte de la creencia limitante debe, asimismo, ser transformada para liberar por completo al sujeto. Si sólo actuamos en una parte de la creencia, es probable que sólo ayudemos a una parte del sujeto en su proceso de evolución; el sujeto debe encontrar una creencia que recubra por completo la creencia antigua, como por ejemplo:

> "Algunos hombres, en ciertos momentos, en parte y en ocasiones son agresivos, y en ocasiones no lo son, y que yo sea amada o no por un hombre es independiente del amor que yo siento por mí misma. En otros términos: tanto si un hombre me ama como si no me ama, yo puedo amarme o no amarme a mí misma."

Comprendemos ahora la medida en la cual la nueva creencia reemplaza la totalidad de la precedente; es decir, hace imposible e incompatible la presencia de la creencia precedente. Usted pasa la noche con alguien o la pasa solo. Para ir de un punto a otro, puede tomar tal medio de transporte o cualquier otro. Sin embargo, ¡usted no puede estar al mismo tiempo en un automóvil en la tierra y en un avión en el aire! ¡Usted puede creer que todos los hombres son siempre peligrosos, o puede no creerlo!

Ejemplo clínico:

Un paciente se describe y se vive como un individuo frágil. Creció con esa percepción. Desde que era muy pequeño, su madre le decía que era muy frágil, que no debía estar en el frío, hacer deporte, salir por la noche, etcétera. Vivió con esa idea de que era muy frágil. Es una creencia que determinó muchos de sus comportamientos y le generó mucho estrés y ansiedad. Pero él sintió que no debía cambiar para no provocarle dolor a su madre: "¡Si yo no soy frágil, mamá es mentirosa y yo soy un mal hijo!".

Ser frágil = ser buen hijo

Al trabajar en el vínculo, podrá tenerse éxito en hacer descender esta rigidez: "¡sin importar que yo sea frágil o no, soy un buen hijo!".

Por otra parte, él tiene necesidad de ser un buen hijo para sentirse seguro. ¿En qué o por qué es importante para él sentirse seguro? Necesita sentirse seguro para existir, para vivir. Ahí todavía puede suavizarse el vínculo rígido: "puedo vivir sin estar en seguridad permanente. No es cómodo pero, al menos, vivo". Este criterio puede, en ocasiones, ser satisfecho o puede no serlo.

Otro ángulo de enfoque del mismo problema interroga el origen de esta creencia. En este caso, es en relación con la madre, quien es sobreprotectora y, en última instancia, peligrosa, pues le ha hecho creer que el ambiente es peligroso, mientras que es ella la que es probable que sea profundamente insegura y, a su vez, produzca o genere inseguridad.

Con base en los niveles lógicos, constatamos, además, muchas confusiones de los registros:

— ser, es ser frágil (confusión capacidades/identidad)
— ser, es ser hijo de… Hay una reducción de la identidad a la filiación que, en este ejemplo, se alimenta del sentimiento de culpabilidad.

De manera paralela al trabajo sobre la estructura de la creencia, sobre el vínculo de igualdad o de implicación, se buscará y trabajará en el origen de la creencia, mediante el análisis de la historia del sujeto.

Estos ejemplos nos enseñan la importancia de trabajar en todo el territorio de la creencia; es decir, en todos sus vínculos, a partir del criterio más elevado.

La creencia de apertura está adaptada a la realidad

Creencia y contra-creencia

Una creencia generadora nunca es un sueño o un delirio. Está adaptada a la realidad.

Para retomar uno de los ejemplos anteriores, "todos los hombres son siempre benévolos y llenos de amor", ésta sería una creencia poco generadora. Esta formulación es tan limitante como la creencia de salida ("todos los hombres son peligrosos"). Creer lo anterior significa mantenerse en una forma de pensamiento de todo o nada, estructurada con base en cuantificadores universales: todos los hombres, siempre (y/o en operadores modales). Es una nueva creencia limitante dado que la realidad es un muestrario en movimiento continuo y adaptado al eterno movimiento emocionante de la vida.

"Todos los hombres son siempre benévolos y llenos de amor" es una contra-creencia, una reacción que formulamos en ocasiones debido a nuestro deseo de cambiar de creencias y que nos hace pasar de una pesadilla a un delirio de niñita con ropa floreada, de ojos azules que giran hacia las nubes. Cambiamos, en efecto, un término por su opuesto: "hostiles y peligrosos", se convierte en "benévolos y llenos de amor". Pero, de hecho, no es más que un sueño, un delirio, una mentira, un capricho que el terapeuta no debe motivar. Esta formulación es inadaptada por completo, tan desconectada del principio de la realidad como la precedente.

Cuando se trabaja en las creencias limitantes en terapia, a menudo los pacientes oscilan entre creencia y contra-creencia, y la creencia de apertura está debajo de ese cruce entre la creencia y la contra-creencia. La contra-creencia es opositora y reactiva, mas no es proactiva pues aún mantiene un vínculo rígido entre A y B (igualdad o implicación).

A continuación se presentan en el siguiente texto célebre, algunos ejemplos de creencias limitantes. Usted leerá aquí un modo de no caer en la trampa de la contra-creencia: "el mal es eso, pero el bien no es lo opuesto a ello".

Khalil Gibran (1923), *El Profeta*

"Usted es bueno si usted no hace sino uno con usted mismo."

Sin embargo, si usted no hace sino uno con usted mismo, usted no es malo. Porque una casa dividida no es un antro de tunantes; no es más que una casa dividida. Y un barco sin capitán puede navegar a la deriva en medio de islas peligrosas y, sin embargo, no hundirse en el fondo.

Usted es bueno si se esfuerza por dar de sí mismo.

Sin embargo, usted no es malo si busca una ganancia para usted mismo. Porque cuando usted se esfuerza por obtener una ganancia, usted no es sino lo mismo que una raíz que se afianza en la tierra y succiona de su seno.

Es cierto que el fruto no puede decirle a la raíz, "sé como yo, maduro y pleno, y da siempre con abundancia". Porque para el fruto, dar es una necesidad, como recibir es una necesidad para la raíz.

Características de una creencia generadora

Creencia limitante	Creencia de apertura
Cuantificadores universales: siempre, jamás…	Contextualizada: en la casa…
Operadores modales: tengo que	No obligatoria: yo puedo…
Todo o nada	Flexible: hasta ahora, una parte de mí…
Rígida	Flexible
Exclusiva	No exclusiva / elecciones
General, universal	Personal
Cristalizada	Adaptativa
No sometida a la realidad: adivino que…	Sometida a la realidad: observo que…
No toma en cuenta las diferentes partes de la personalidad	Ecológica

Ejemplo del trabajo sobre una creencia

Los practicantes tienen como consigna descubrir una creencia limitante y definir la creencia de apertura por la cual les gustaría reemplazarla.

Ghislaine (practicante): no pude pasar de manera directa de una creencia limitante, que me concierne a nivel personal, a una creencia de apertura… Intenté pasar por una intermedia entre las dos creencias, que era ecológicamente aceptable.

Mi creencia limitante era que "en mi edificio, ninguna comunicación era posible con ninguno de sus habitantes". Con la reflexión y el buen sentido, cambié con suavidad hacia el pensamiento de que "cada uno de mis vecinos tiene un territorio de comunicación posible". Y llegué a la formulación de apertura según la cual "la comunicación es posible con el conjunto de personas de este edificio".

Facilitador: Lo que es molesto es que en esta formulación hay un nuevo cuantificador universal, "el conjunto de personas", del cual se sobreentiende que "todos" y, en especial, un aspecto que no depende de ti: los otros, ¿tienen deseo de comunicarse? Otro elemento que podría ser oportuno descubrir es comprender por qué es un problema para ti, Ghislaine, que no haya comunicación. ¿Acaso pone en peligro tu supervivencia? ¿Tu seguridad, tu autoestima, el reconocimiento…? ¿Por qué es un problema? Habrá que afinar y completar la formulación de la creencia limitante. Podemos muy bien imaginar que, para otra persona, esta creencia no produce ningún estrés; por el contrario, ¡produciría mucha satisfacción! Hay personas que estarían fascinadas por el hecho de que no haya comunicación con sus vecinos. Entonces, ¿por qué es un problema para ti? ¿Qué es lo que no está satisfecho en esta falta de comunicación? ¿Qué es lo que permanece en sufrimiento?

Ghislaine: Pienso que, muy temprano en mi vida, acentué la comunicación.

Facilitador: ¿Qué es lo que te permite el hecho de comunicar?

Ghislaine: Simplemente, existir.

Facilitador: Entonces, cuando hay comunicación, ¿existes?

Ghislaine: Sí, por completo.

Facilitador: ¿Puedes existir sin comunicación?

Ghislaine: Sí, pero no siempre y no por mucho tiempo.

Facilitador: Entonces, no puedes existir por mucho tiempo sin comunicación. Hay un límite máximo. Si no te comunicas durante algunas horas o durante algunos días, entonces, eso va a...

Ghislaine: Sí, ¡pero no diez años!

Facilitador: ¿Acaso puedes existir si durante seis meses no tienes comunicación?

Ghislaine: No.

Facilitador: ¿Tres meses?

Ghislaine: No.

Facilitador: ¿Un mes?

Ghislaine: No.

Facilitador: ¿Quince días?

Ghislaine: Con rigor...

Facilitador: ¿Tres semanas?

Ghislaine: Es demasiado tiempo. Una semana está bien, sin ningún problema.

Facilitador: Entonces, tú puedes existir durante una semana sin comunicación, pero dos semanas sin comunicación es delicado, y tres semanas, imposible. Entonces, en tu creencia hay esta dimensión temporal: "para poder existir más allá de quince días, tengo necesidad de comunicación". Se trata aquí de la creencia limitante: Y la creencia de apertura podría ser: "Puedo continuar existiendo más de quince días, con o sin comunicación, quizá de manera poco cómoda, pero es posible".

Este enunciado recubre un extremo de tu creencia limitante de inicio. Para actuar en el otro extremo, al lado de la equivalencia concreta, bien: "en este edificio es posible comunicarse o no comunicarse" y yo añadiría otra creencia, quizá, que "la comunicación puede tomar formas que yo ignoro...".

Ghislaine: Sí, estoy muy consciente de ello...

Facilitador: De igual modo, yo puedo descubrir nuevas formas de comunicación que los demás expresan. Es exactamente una propuesta... Que es imposible no comunicar.

Ghislaine: Es muy de apertura para mí, desemboca en paz interior.

Facilitador: Y este conjunto de creencias recubre por completo el territorio de la creencia limitante.

En resumen:

Creencia limitante:

"En mi edificio no es posible ninguna comunicación con ningún habitante y, para existir, debo comunicarme cuando menos una vez cada quince días con mis vecinos."

Creencia de apertura:

"En mi edificio es posible comunicarse o no comunicarse. La comunicación puede tomar formas que desconozco. Puedo continuar existiendo más de quince días, exista o no comunicación con mis vecinos."

Verificar la creencia generadora

¿Es ecológica (sin inconveniente)?

Una creencia dada se ha establecido para estabilizar a una persona, para permitirle, por ejemplo, darle un sentido a los acontecimientos. La creencia ha cumplido una función de señal o indicación, una función de adaptación positiva en un contexto determinado. En ocasiones, cuando una creencia se desestabiliza, los sujetos experimentan vértigos y malestares porque sus señales se han trastornado. Creer en Santa Claus, en el marido perfecto, que los hombres son unos desgraciados o que las mujeres aman a los desgraciados tenía función de indicación. Incluso si la creencia es obsoleta, la función siempre es de actualidad.

Como consecuencia, es necesario verificar siempre la ecología de la creencia nueva a través de la formulación de las siguientes preguntas:

1. ¿Mantener la antigua creencia ofrece alguna ventaja?
2. ¿Mantener la antigua creencia representa algún inconveniente?
3. ¿Hay alguna ventaja en adquirir una nueva creencia?
4. ¿Hay algún inconveniente en adquirir la nueva creencia?

Incluso si las preguntas parecen coincidir, en ocasiones es una de estas cuatro preguntas la que genera un conflicto y hace que el sujeto bloquee su proceso de cambio, su evolución, su transformación.

Ejemplo

Antigua creencia (limitante): "Hay que ayudar siempre a los demás y jamás pensar en uno mismo".

Nueva creencia (de apertura): "Puedo, en algún momento, pensar en mí mismo y, en ocasiones, dar ayuda a los demás".

1. "¿Hay alguna ventaja en continuar creyendo que hay que ayudar a los demás y no pensar en uno mismo?"

   — No, ninguna.

2. "¿Hay algún inconveniente en continuar creyendo que hay que ayudar a los demás y no pensar en uno mismo?"

   — Sí, eso me hace desgraciado, no aprovecho mi vida.

3. "¿Hay alguna ventaja en creer que usted puede pensar en sí mismo de tiempo en tiempo?"

   — Sí, yo sería más feliz.

4. "¿Hay algún inconveniente en creer que usted puede pensar en sí mismo de tiempo en tiempo?"

   — Sí, voy a convertirme en una persona egoísta.

La utilidad de estas cuatro preguntas es verificar lo que llamamos la ecología de la nueva creencia; es decir, su ausencia de inconvenientes para el sujeto en sí mismo y en su ambiente. Es indispensable que la persona no se encuentre despojada frente al impacto, problema o conflicto en donde la antigua creencia era la tentativa de solución.

Además, como lo ilustra este ejemplo, la verificación de la ecología de la nueva creencia permite comprobar que la investigación y el trabajo no se han hecho de manera lo bastante profunda. En efecto, como lo hemos visto, las creencias se organizan en redes o en esquemas y están estrechamente ligadas a los valores. Eso implica que tocar en forma aislada a una de las creencias de la red puede ser inapropiado si las otras creencias no son consideradas. En este caso, habrá que dar seguimiento a la conservación alrededor de la pregunta del egoísmo y derivar en las creencias activas que están relacionadas con ello.

Instalar la nueva creencia

"Un pensamiento que perturba, por fuerza es inadecuado. Al meditar en lo contrario se restablece el equilibrio. Es simple, evidente y muy difícil de aplicar. Hay que tener mucha humildad para recordar, en un momento de problema, que uno es subjetivo, que otro punto de vista puede ser también de valor y que conviene evitar dejarse encerrar en lo que parece cierto." (Patanjali)

No se cambia el pasado, sino el pensamiento

Como es evidente, el "trabajo de conciencia" no permite cambiar el pasado sino nuestra interpretación de los acontecimientos y experiencias que hemos vivido, además de nuestra relación con los objetos, porque no hacemos otra cosa sino interpretar el pasado en función de nuestros valores, los cuales evolucionan con el tiempo. Nosotros vamos a poder cambiar las creencias cuando estamos fundamentados en nuestra propia identidad, que es independiente de nuestras creencias limitantes.

Puedo cambiar la creencia limitante, que es que "fuera de los Beatles, ni saludo", porque tengo la experiencia de existir, de ser, más allá de los Beatles. En ese momento, puedo conocer a una persona a quien no le gusten los Beatles porque ya no estoy ni me siento amenazado por esa diferencia. Debido a que existo más allá de esa música, puedo comenzar a visualizar que el otro existe también más allá de los Beatles. Puedo llegar a ser yo sin estar en fusión total con mi familia, con mi grupo de pertenencia, a partir del momento en el cual mi identidad personal esté lo suficientemente establecida y que yo no tenga necesidad de esa envoltura inmaculada para sentir que existo.

Vamos a presentarle algunos casos clínicos que ilustran la manera como la mirada que tenemos sobre los acontecimientos modifica el vínculo que establecemos en nuestra propia historia.

El galope del caballo

En su libro *Psicología de la curación*, E. Rossi relaciona la historia de un paciente que se encontraba en estado crítico, pues su función cardiaca estaba irremediablemente comprometida. Se habían agotado todos los medios terapéuticos. En su visita al hospital, su médico señaló al equipo de especialistas que el ritmo cardiaco del paciente se asemejaba al galope de un caballo. Quería indicar con ello que el corazón latía muy rápido y muy fuerte. Algunas semanas más tarde, con ocasión de una visita de control, pudo comprobarse que el estado del paciente había mejorado de forma considerable.

El médico quiso saber la razón por la cual el paciente había mejorado y en qué momento esa mejoría había sido posible. El paciente le respondió: "El jueves por la mañana, cuando usted entró en mi cuarto con su equipo, sucedió algo que cambió todo. Usted escuchó mi corazón; usted pareció estar satisfecho y anunció a todo el mundo que yo tenía un 'galope' muy saludable". Entonces este hombre pensó que para él era normal experimentar ciertas sensaciones al nivel de su corazón, que cada sensación cardiaca quería decir: "¡estoy curándome!", y que, en definitiva, no estaba condenado. Supo al instante que iba a restablecerse.

Falsa paternidad

Una jovencita de quince años de edad debía obtener su diploma de graduación del primer ciclo escolar (BECP). Para ello, necesitaba su acta de nacimiento; sus padres no se encontraban en la casa ese día y ella buscó el documento en un cajón y lo encontró. En ese momento, descubrió de modo brutal que su padre no era en realidad su padre biológico. La interpretación que hizo en ese instante para dar sentido a lo que acababa de descubrir fue que ese hombre le había mentido, que la había traicionado… Y eso significaba que no la amaba y que jamás la había amado. Se quedó clavada, fija en esta creencia sin poder cuestionarla. Permaneció bloqueada allí, sin flexibilidad alguna, e inició una guerra contra ese falso padre, quien no comprendía muy bien lo que ocurría. Su cólera se generalizó: "el mundo es injusto", "no se puede tener confianza en los hombres", "han abusado de mi credulidad", etcétera.

Cuarenta y cinco años más tarde, esta persona se hallaba en mi consultorio. Llegó allí para consultarme sobre una ira sorda que estaba en ella desde mucho tiempo atrás, pero de la cual ignoraba su origen real. Descubrió, en su terapia, que esta ira se enraizaba en la sorpresa brutal que había vivido cuando leyó la historia de la familia. Fue en ese momento cuando desató su inagotable ira.

Durante esos 45 años, ella tuvo experiencias positivas con este hombre bueno, paciente y amable. De igual forma, ella construyó experiencias de ser, más allá de la mirada y del reconocimiento del otro. Lo anterior hizo que ella pudiera interpretar ese acontecimiento de manera distinta, no en términos de "mi padre no me ha amado", sino como "me ha amado de tal manera que no quiso tener otros hijos para no correr el riesgo de favorecerlos en relación conmigo, para que no hubiera rivalidad ni ambigüedad". Si él ocultó que no era su verdadero padre biológico, no significó que no la amara; por el contrario, implicó que él la amaba mucho y que temía que ella lo rechazara, que esa revelación llevara agresividad a la calidad de su amor.

Esta toma de conciencia y esta nueva creencia liberaron a esta mujer de esa emoción de ira derivada de ese acontecimiento y de la interpretación que ella había elaborado del mismo.

Amor y secreto

Una madre lleva a su hijo a terapia debido a sus muy malas relaciones. La madre aguarda en la sala de espera.

El niño me dice: "Sí, yo sé que mi madre no me ama". Y yo le pregunto:

"¿Cómo es que lo sabes? ¿Qué te motiva a decir esto?".

El chico no puede entonces proporcionarme otro elemento más que esta evidencia: "así es". Requirió tiempo para encontrar, a mi solicitud, una experiencia concreta, a la cual se refiere para construir esta creencia. Acabó por comentarme que supo por un miembro de su familia que su madre tenía preocupaciones de las cuales ella no le había hablado nunca.

Entonces, le pregunté qué sentido daba a eso y precisó que, si ella no le hablaba de sus preocupaciones, significaba que ella no le tenía confianza y, si esto era cierto, significaba que no lo amaba. La creencia estaba en la base de su sufrimiento es que, si uno ama a otra persona, por fuerza existe una relación de confianza. Yo hice entonces venir a la madre y le pregunté si ella tenía preocupaciones particulares, a lo cual respondió de manera afirmativa. Le pregunté en seguida si le habla a su hijo de esas preocupaciones y respondió que no. Sin ocuparme del contenido de este secreto, le pregunté por qué era importante para ella no hablarle a su hijo de sus preocupaciones. Intento descubrir qué valor se satisface a través de ese comportamiento. De inmediato, en forma espontánea, como una evidencia, me dice que "es por amor a él, porque cuando uno ama a alguien, lo protege".

El mismo comportamiento, en ese caso una ausencia de confidencias, puede ser interpretado de modos diametralmente opuestos y, por ello, tener significaciones diferentes: el amor y el no amor y, de allí, generar sentimientos y conductas de sufrimiento. Al escuchar enunciar la creencia de su madre, el muchacho comprendió y esa comprensión tuvo un efecto inmediato en su relación con ella. No tuvimos que cambiar el acontecimiento sino sólo la lectura del mismo, su interpretación, el sentido que se le daba a éste. La relación mejoró de manera inmediata.

Permiso y sexualidad

Una mujer, muy católica, comparte con su grupo de afiliación religiosa la creencia según la cual las relaciones sexuales antes del matrimonio son un acto reprensible, un pecado. Cuando tenía 31 años de edad, ella conoció a un hombre con quien construyó el proyecto de casarse. Como es natural, ella no quiere tener relaciones sexuales antes del matrimonio, mientras él, más insistente, piensa que eso sería algo bueno. Ella se sentirá liberada de sus escrúpulos gracias a la palabra de un sacerdote, quien le dio la autorización.

Esta joven mujer está siempre en referencia externa, siempre a la espera de la palabra del sacerdote para obtener el permiso de ser ella misma. Es una situación muy clara que observamos con mucha frecuencia entre los adolescentes: "Dame permiso de desobedecerte, de oponerme a ti". Es todo el dilema, todo el sufrimiento de los adolescentes que se acercan a sus padres para poder rechazarlos.

Pero algunos casos son complejos y requieren ayuda exterior profesional.

Postergar las cosas

Cuando una de mis pacientes se dio cuenta de que estaba embarazada, de manera consciente se dijo a sí misma que era demasiado pronto. Ella sí quería tener un hijo, pero más tarde. En estado de regresión hipnótica, la paciente volvió a ver algún aspecto de su impresión, de lo que vivió en ese momento. "Más tarde. Hay que esperar. Cuando no se hacen las cosas en tiempo y en hora, eso hace que mi parte de madre sufra. Para darle gusto a mi ser como mamá, tengo que actuar más tarde".

Tratamos el problema con hipnoterapia. Este enfoque terapéutico permite al sujeto vivir una regresión y movilizar de manera poderosa su función imaginativa. Invitamos a la paciente en hipnosis a que se pusiera en contacto con su cuerpo de madre, con ese inconsciente biológico maternal. Entonces, tomó conciencia del deseo inconsciente y muy fuerte que estaba presente en este momento, ahora, el deseo biológico, psicológico e inconsciente de su cuerpo materno para cuidarlo, alimentarlo, oxigenarlo, mantenerlo, ahora mismo. Por debajo del "demasiado pronto" consciente de su parte de madre, había un deseo inconsciente mucho más fuerte, que le indicaba "justo ahora". Esto fue, para esta paciente, una experiencia correctiva y liberadora. Se dio cuenta de que su parte de madre quería al hijo más tarde y que otra parte, mucho más importante, lo quería ahora. Es una creencia que se formula de la siguiente forma: "antes de cada embarazo, hay un deseo inconsciente de embarazarse".

Antes de cada X hay una necesidad inconsciente de X (enfermedad, salud, éxito, fracaso, etcétera). En efecto, existe todo un batallón de hormonas en umbrales muy precisos y hay que neutralizar en parte el sistema inmunológico que va a intentar rechazar al cuerpo extraño, que es el embrión, para que el embarazo comience y llegue a término. Es todo un esfuerzo de la biología que requiere de todo el cuerpo de la mujer. Una pequeña parte de ella, en su psiquismo, no se sentía todavía lista para el embarazo; no obstante, todo su cuerpo ponía manos a la obra para recibirlo y mantenerlo. Este reencuadramiento de sentido la liberó en forma muy rápida de la influencia y dominio de este pensamiento sobre su conducta de ansiedad.

Doble obligación entre dos redes de creencias: encontrar un criterio superior

Un paciente albergaba dos creencias contrarias. La primera era que "lo que cuenta en la vida es aprovecharse del momento presente, de cada instante y todo lo demás no es sino una obligación". Quería seguir siendo niño, disfrutar esa espontaneidad inocente y gozar el momento.

Vivir = aprovechar / tener obligaciones = no vivir

Para él, ésa era una evidencia.

Sin embargo, otra parte de él estaba muy atada a su mujer y a sus hijos. Y, para él, tener una familia representaba responsabilidades; a largo plazo, equivalía a aceptar obligaciones y volverse perfeccionista. Lo que contaba era estar atado, ser responsable y construir en el tiempo.

Ser = construir

Estas dos redes de creencias estaban activas al mismo tiempo. Esta dualidad implicaba el hecho de que, cuando se perfeccionaba en un terreno, una parte de él se deprimía, se frenaba, lo cual se traducía en que comenzaba a sentir síntomas de cansancio y, cuando descansaba, esa parte de él estaba satisfecha, pero la otra se deprimía y se culpaba porque no construía nada.

Se sentía por ello siempre muy mal y nunca estaba satisfecho porque esas dos partes de sí mismo le significaban necesidades y exigencias incompatibles… o casi incompatibles, porque en realidad podrían reunirse en un criterio superior que era, para él, la autonomía. Aprovechar el momento presente permitía ser autónomo y tener dominio en diferentes terrenos, y perfeccionarse le permitía también ser autónomo. A partir de ese momento, podía estar en contacto interno con una sola creencia, de apertura, envolvente, que consistía en que, para ser autónomo, en ocasiones hay que aprovechar el momento presente y en otras hay que perfeccionarse y alcanzar el dominio en un terreno. A partir de ello, este paciente se sintió unificado y aliviado de su malestar.

La disociación terapéutica

La disociación nos permite reconocer que hay otros puntos de vista posibles respecto del mismo acontecimiento. Permite llevar una mirada distinta sobre la experiencia, gracias a la distancia emocional que la disociación hace posible.

"Estar disociado" en el sentido en que empleamos el término aquí, consiste en observarse desde el exterior. Usted piensa en sí mismo a punto de caminar y usted ve que camina, como en una película. El opuesto es: "asociado"; es decir, vivir y revivir los acontecimientos desde el interior de su cuerpo, volver a ver lo que se vio, volver a escuchar lo que escuchó. Volvemos a sentir la emoción cuando estamos asociados y es menor, incluso está ausente, cuando estamos disociados de la experiencia. Cuando van a una consulta al dentista, algunas personas se imaginan estar en una sala de espera o en una isla tropical para no estar en sus cuerpos y sentirse así menos mal. En caso de violencia, los seres humanos se disocian de sus cuerpos, en ocasiones toda una vida, para no volver a sentir el sufrimiento.

La influencia recíproca de las emociones y del pensamiento es una noción de base que no debemos perder de vista. Los pensamientos determinan las emociones; las cuales, por su parte, provocan pensamientos. Es un funcionamiento cerrado, que se autoalimenta de manera permanente. Al estar disociados del acontecimiento (disociación temporal, espacial o de identidad), podemos observarlo, si no de manera neutral, al menos sin estar sumergidos en una ola emocional que bloquea nuestro pensamiento y pervierte nuestro juicio. Como consecuencia, la disociación permite modificar nuestras creencias gracias a la re-evaluación del acontecimiento.

Protocolos de cambio a través de la disociación

1. Disociación temporal

El adulto de hoy observa al niño que fue hace ya mucho tiempo. Se inclina hacia el acontecimiento pasado. Se convierte en espectador de sí mismo y del acontecimiento, con todos los recursos de los cuales dispone hoy y que no tenía en ese momento.

Uno de esos recursos es la distancia temporal, el otro es la suma de nuestras experiencias.

Etapas del protocolo

— Seleccione un acontecimiento que usted haya identificado como el origen de una creencia limitante; ejemplo: "un día, en la cocina, mi madre lloró a causa de mis malas calificaciones escolares".

— Imagine que esa escena fue filmada y que usted la observa hoy, sentado en su sillón o en el cine, solo o con algunos amigos.

— Es probable que hoy sea usted más grande que su madre en esa época. ¿Qué nueva opinión tiene usted respecto de esa situación?

— El niño que usted fue, ¿es en verdad responsable del sentimiento de su madre? ¿No habrá otras explicaciones? ¿Ella se siente apoyada por su marido? Por otra parte: ¿es feliz?, etcétera.

— Plantéese tantas preguntas como desee, hasta comenzar a visualizar otras explicaciones sobre el acontecimiento que originó la creencia visceral.

> — Elija la comprensión más satisfactoria para usted en la actualidad y comuníquesela al niño que está en la escena. Usted habla y el niño lo escucha.
>
> — Observe su cambio.
>
> — Según sea necesario, escuche y tome en cuenta sus observaciones. Recíclelas.
>
> — Para terminar este protocolo, asóciese de nuevo con el niño que está en la escena; entre en la pantalla.
>
> — Viva desde el interior esta nueva experiencia, aprecie las nuevas emociones, defina de manera clara y distinta las nuevas creencias que usted escribirá en una hoja.
>
> — Permita que la película corra a gran velocidad hasta hoy y verifique la ecología.
>
> — Guarde esta hoja con usted durante tres semanas.

2. Disociación reflexiva, salirse del centro

La segunda forma de utilizar los recursos que permiten la disociación es disociarse del drama y asociar en éste a otro personaje.

"¿Qué diría usted a un desconocido que estuviera en la misma situación, esa situación que le impresionó a usted y que fue la causa de la creación de una creencia limitante? ¿Qué le diría usted a su mejor amigo si le confirmara haber vivido la misma situación que acaba de comunicarme?"

Etapas del protocolo

— Elija un acontecimiento que usted haya identificado como el origen de una creencia limitante (ejemplo: "cuando nací, mi madre me rechazó porque ella no quería hijos. Yo me sentí culpable de estar vivo, culpable de la desgracia de los demás; como consecuencia, debo pagar y, por ello, el placer me está prohibido. Si vivo, es para detrimento del otro; entonces, más vale no vivir o vivir lo menos posible").

— Imagine esta escena en una pantalla de televisión o de cine (por ejemplo, el momento de su nacimiento).

— Ponga en su lugar a otra persona, desconocida y de su edad. Esa persona cree las mismas cosas que usted creyó (que es inútil, perjudicial...).

— ¿Qué es lo que usted, en forma espontánea, tiene deseos de decirle? ¿Considera usted que es culpable? Debo apostar que piensa que no porque, en mi práctica, he observado que uno, con frecuencia, es más indulgente con los demás que con uno mismo.

— Dígale a ese embrión, a ese niño, a ese adulto, a ese viejo, a ese ancestro, lo que usted en realidad piensa sobre la situación y sobre usted mismo.

— Observe su reacción, su cambio.

— Recicle las objeciones.

— A partir del momento en que usted se sienta satisfecho, del momento en que lo emocional y la razón se hayan reconciliado, entre en la escena para vivirla desde el interior y escuchar lo que usted le dijo al niño.

— Acoja, reaccione, observe todos los cambios.

— Crezca hasta el día de hoy y verifique la ecología de la nueva creencia.

> — Escriba la nueva creencia.
>
> — Guarde la frase durante tres semanas con usted y léala con frecuencia.

3. Disociación de identidad (estar asociado con otra persona)

Otra manera de utilizar las capacidades de disociación consiste en ocupar el lugar del otro. Observar el mundo, los acontecimientos, desde el lugar de alguna otra persona.

¿Qué diría su mejor amigo, o tal persona que usted admira y que representa un modelo para usted, si esa persona se hubiera enfrentado a esa situación? ¿Cómo reaccionaría esa persona?

Etapas del protocolo

— Elija un episodio, una experiencia que haya vivido, resultante de la cual usted haya comenzado a creer que… ("la mujer es peligrosa porque usted conoció a una niña en la escuela maternal y esa niña lo molestó y se burló de usted").

— Seleccione un héroe, un mentor, un amigo, un modelo, alguien quien no podría haber sufrido este acontecimiento, que hubiera sacado del mismo una lección o que, simplemente, se hubiera reído (ejemplo: Charlot).

— Proyecte este recuerdo sobre una pantalla. Usted se ve allí a punto de sufrir el acontecimiento (la niña molesta al niño).

Después, regrese al inicio de la escena y coloque a otro actor en el lugar de ese niño. A la edad de usted cuando sufrió la experiencia, usted lo ve reaccionar (Charlie Chaplin, por ejemplo, hace reír a todo el mundo y seduce a esa niña).

— Repase esta escena tantas veces como usted lo desee, hasta dar un sentido al acontecimiento, un sentido nuevo que sea conveniente para usted (ejemplo: "toda ocasión es buena para crecer, para reír, para estar feliz, las niñas son juguetonas...").

— Después, entre en la pantalla con esa nueva creencia bien evidente en usted. Si el inicio de la escena no ha cambiado, el final es inédito. Usted se autoriza a volver a sentir las nuevas emociones y a tener un nuevo comportamiento.

— Permita que la película corra..., usted crece hasta la edad de hoy.

— Escriba su nueva creencia en una hoja y consérvela con usted, al menos durante tres semanas, con el fin de leerla a menudo.

4. Descentración emocional

"Si usted no estuviera deprimido o angustiado, ¿cómo interpretaría ese acontecimiento? ¿Pensaría usted lo mismo si no tuviera el mismo sentimiento (descentración emocional)? ¿Cómo podría interpretar las cosas de manera diferente?"

Etapas del protocolo

— Elija una experiencia generadora de una creencia limitante.

— Colóquela en la pantalla. Usted se ve desde el exterior, usted está disociado.

— Imagínese usted en una situación conocida muy agradable; encuentre un recuerdo emocional muy positivo (por ejemplo, en una hamaca en México, en Puerto Ángel).

— Desde ese lugar (la hamaca), observe la escena que originó el trauma.

— ¿Cómo es su nueva mirada? ¿Qué nuevo juicio le llega sobre los hechos, sobre usted y sobre los demás? ("todo pasa, hay que ser

> paciente, los problemas son de un momento, tú tienes en ti los
> recursos…".).
> — Expréseselo a usted mismo en la escena.
> — Después, entre en la escena, asóciese con usted mismo y reciba el
> nuevo mensaje que llega a usted (desde México: "tú tienes en ti
> los recursos…").
> — Observe en usted la diferencia en su cuerpo, en su pensamiento.
> — Crezca hasta el día de hoy.
> — Escriba la nueva creencia y conserve la frase con usted al menos
> durante tres semanas.

5. Distanciamiento por el contexto espacial o temporal

A menudo, el acontecimiento está asociado, incluso condicionado, por el ambiente, el ambiente inmediato.

"¿Pensaría usted lo mismo dentro de diez días, dentro de veinte años o en otro contexto?".

> **Etapas del protocolo**
>
> — Elija un recuerdo que usted considere que sea el origen de una
> creencia limitante.
> — Coloque esa experiencia en una escena, de manera que usted se
> vea desde el exterior.
> — Note con precisión cada elemento en el ambiente: la hora del día,
> el periodo del año, el lugar, el ambiente inmediato, las personas,
> los objetos, todo lo que está presente en ese instante.
> — Cambie la decoración, en algunas partes o en su totalidad. Usted
> puede variar hasta el infinito cada elemento. Usted puede visua-
> lizarse en una duna de arena, en un banco de hielo, en la Luna,

en el concierto de Woodstock, en el Eliseo, en un jardín para niños o en compañía de la reina de Inglaterra..., las opciones son infinitas.

— Esté muy atento a las novedades que se presenten, como una toma de conciencia, un cambio en su percepción del acontecimiento o en su evaluación, y exprésalo en términos de una nueva creencia.

— En seguida, entre en la escena con la conciencia de esta nueva creencia, ahora que usted está en el ambiente inédito de su elección.

— Crezca hasta el día de hoy; después, escriba su nueva creencia en una hoja de papel que usted mantendrá durante tres semanas. Asegúrese de leerla con la mayor frecuencia posible.

Para terminar...

Balance de lectura

"Ahí donde se concentra mi atención, la energía surge."
(Anthony Robbins)

Estamos aquí al final de nuestro encuentro y de la lectura de este libro. ¿Qué es lo que va a permanecer en nosotros una vez que lo hayamos cerrado? ¿Qué nos ha dado su lectura?

¿Qué aprendió sobre usted, sobre sus creencias, sobre la manera como sus representaciones de usted mismo y del mundo dan forma a sus experiencias y colorean sus emociones? ¿Cuáles cambios es probable que hayan comenzado a formarse en usted? ¿De qué modo o en qué terrenos va usted a aplicar lo que encontró de interesante en este libro? Durante algunos minutos, usted va a cerrar este libro, nosotros nos alejaremos y usted se encontrará consigo mismo; usted y el mundo, su mundo.

¿Creer o no creer...?

Por nuestra parte, el trabajo de búsqueda, de reflexión y de práctica que esta obra ha requerido nos ha guiado hacia nuevas fronteras. De un lado de la frontera: el mundo de creencias estructuradas, organizadoras, tanto limitantes como generadoras; en el otro lado de la frontera, el espacio infinito de la vida o, más bien, de la relación directa con la vida "fuera de la creencia"; sin embargo, una experiencia pura, inmediata y sin intermediarios, desnuda de todo pensamiento necesario, de toda representación, ¿acaso es posible? ¿Dónde se libera de todo lo que puede ser sólo contemplado, sin jamás ser verdaderamente alcanzado, de igual manera como sucede con el horizonte que se despliega delante de nosotros?

¿Se puede dejar de creer, sólo porque lo decidimos? ¿Dónde se halla un elemento preliminar, una experiencia radical que nos permita saltar sobre el muro de las creencias y dejarlas atrás?

Pero, ¿es verdaderamente útil no creer más? ¿Pretender rebasar toda creencia no constituiría una nueva creencia? ¿Otra ilusión?

Como usted pudo leer en esta obra, muchas de nuestras creencias son desconocidas para nosotros, son inconscientes. Podemos decir que el conjunto de hechos que nos suceden, todos los días, es exactamente lo que nosotros creemos. Pero estas creencias están, casi siempre, ausentes de nuestra conciencia ordinaria. Si tomamos la decisión de estar conscientes de nuestras creencias, éstas van a poder emerger y nosotros vamos a poder identificarlas. Una vez que realicemos este acto, nuestros conceptos van a ser cada vez más claros, como cuando salimos de la bruma y podemos, entonces, decidir creer o no creer en lo que se nos presenta.

Cuando dejamos de creer en esas pantallas, en esos números de ilusionistas, vivimos la vida, porque la vida no es creencia, sino sólo lo que nos sucede, instante tras instante, lo que vivimos en cada momento, que llega sin otra forma de comentario.

No deseo estar vinculado a mis ideas o convertirme en su esclavo, adherido a conceptos, porque todo vínculo, sea cual sea, nos hace esclavos, aunque sea de nosotros mismos. La hipótesis que hemos sostenido a todo lo largo de estas páginas es que, en última instancia, el gran ilusionista no es otro que nosotros mismos.

¡Haga bailar las etiquetas!

> "Soy todo el mundo y no importa quién…".
>
> (Régis Jauffret, *Microficciones*)

Las creencias son como etiquetas colocadas en un cuadro, una acuarela, una escultura, y nosotros, humanos, nos parecemos a esos visitantes que deambulan por las salas de un museo: observamos cada obra dos veces.

— En primer lugar, nuestra vista es virgen y la descubrimos por primera vez. Tenemos, también, una primera impresión, la nuestra, a la cual, con mucha frecuencia, le damos muy poco valor.

— En seguida, observamos y leemos la etiqueta al lado del cuadro, de la escultura, de la obra, o incluso escuchamos el audio-guía. Y allí, una voz nos cuenta que se trata de una obra de nuestro artista preferido. Una obra de juventud, desconocida. Observamos el cuadro, la escultura…, la segunda vez, en un estado de influencia: ¡es el acto de maravillarse, el éxtasis! Detallamos con precisión cada trazo, analizamos la factura, seguimos la atención del artista y revisamos el equilibrio de los colores, la geometría de los cuerpos hasta que…

Hasta el momento cuando nos damos cuenta de que nos hemos equivocado del botón del audio-guía; no era el botón correcto el que presionamos y el comentario que escuchamos correspondía a la obra siguiente. Leímos la etiqueta del cuadro que estaba a su lado. Lo que admiramos no es más que la costra malhecha de un oscuro discípulo del maestro.

Vemos una película en video, pero nos equivocamos de envoltura. Creemos observar una película sobresaliente, le damos sentido al silencio y justificamos el habla entrecortada de los actores por no sé qué construcción mental: "todo esto es perfecto, estudiado, es cine moderno…". La cámara se mueve sin cesar, las escenas están más encuadradas: "¡Qué audacia! ¡Qué importantes avances!". Pero, de hecho, nos equivocamos de envoltura. Eso es todo. Veíamos una película *amateur*, actuada por pésimos actores

Estamos multicondicionados. Nuestro espíritu es manipulado, nuestro juicio, influido, desviado, pervertido, sucio por un conjunto de circunstancias, quizá también por un error de etiqueta, y, lo que es más grave aún, tal vez "por otra persona". Además, ¡le dijeron que era bueno! Todos los críticos han visto esa película, han adulado al actor y al productor. ¿Quién es usted, *usted*, para ir en contra de los críticos, esos profesionales del gusto, de las tendencias, de los valores, esos sacerdotes del árbol del conocimiento de lo bello y de lo feo? Ellos han realizado estudios, han obtenido diplomas; entonces, cada cual a su oficio. Haga usted el suyo, mezcle el cemento, si es albañil, regrese a la tierra si es cultivador o limpie la carne si es carnicero y deje a los críticos hacer lo suyo: formular opiniones.

El drama es que esta "competencia" desborda el esquema de esta profesión: tantas personas quieren pensar por otras. Y el drama de dramas es que esos pensadores son, asimismo, las personas que nos educan: maestros, profesores, periodistas, historiadores, médicos, parientes. Ellos reciben la orden de transmitir los hechos; si transmiten sus opiniones sobre los hechos, su lectura personal, alcanzan y se entrometen en la identidad.

En efecto, en lugar de transmitir los hechos en forma objetiva, usted transmite su opinión implícita de los mismos, usted puede considerarse un manipulador involuntario; incluso, en algunos casos, un tirano… Un ejemplo bien conocido se manifiesta cada día a través de las noticias del mundo. Si las noticias se refieren a alguna persona que usted conoce bien, podrá constatar que existe una diferencia inmensa entre los hechos y lo que los medios reportan sobre éstos.

En resumen, nos descubrimos como parásitos de otra persona que piensa por nosotros, en nuestro lugar. Pensamos que somos los dueños del barco, los únicos responsables de nuestras opiniones filosóficas, religiosas, políticas, de nuestros gustos y nuestros disgustos…, y esa otra persona está allí, bien instalada.

Como pasajero clandestino, esta otra persona tiene el acento de nuestros profesores, el cariz del pensamiento de nuestro padre, la forma de hablar de nuestra madre, los valores del sacerdote de nuestra parroquia…, y ésta de la que hablamos es una creencia. De nada más hablamos que no sea eso. Pero, ¡la creencia genera una distancia entre usted…, y usted! Entre el "yo observador" y el "yo que siente". La creencia toma el lugar de su opinión y le roba sus verdaderas emociones. De la misma manera como usted prepara la lectura, la escritura y la historia de Francia, se le prepara para creer, para pensar, para sentir. Como ya tuvimos oportunidad de comentar, se trata de la parte construida por la sociedad y normada por la cultura de nuestras experiencias y de nuestros aprendizajes.

Un día, mi hija de 16 años de edad releyó un breve anuncio. Se trata de hechos objetivos: "Proponemos formación gratuita a caballero motivado que ame los caballos, incluso a nivel inicial, deseoso de acceder a carrera profesional, preparación con instructor. Sueldo competitivo, nivel adecuado. Alojamiento". Nuestra reacción simultánea fueron exclamaciones de dos frases diferentes: ella "¡es genial!", y yo: "¡es sospechoso!". Resultó evidente que teníamos etiquetas diferentes, opuestas. Mi creencia implícita es que "toda relación con una persona desconocida es de toma y daca", mientras para ella, "el mundo es generoso, no hay más que servirse". El drama del adulto sobreeducado, aplastado por su súperyo, es que ve cada vez menos los hechos y no reacciona más que de acuerdo con las etiquetas que su inconsciente colocó un día. En ocasiones es útil y prudente, pero en otras resulta limitante.

• • •

Me parece, al escuchar a los pacientes, que nosotros sólo llevamos unas cuantas etiquetas en nuestro morral, tres o cuatro, las cuales acomodamos sean como sean los acontecimientos.

Recuerdo a ese hombre que se sometía siempre. La creencia que aplicaba a cualquier circunstancia era que "tener deseos era malo". De niño, su madre lo aterrorizaba cuando él hacía algo diferente a lo que ella esperaba y entonces le decía: "te hubiera dicho lo contrario". Él tenía que imaginar lo que le disgustaría a su madre y alejarse de ello y, por el contrario, debía adivinar lo que le gustaría y hacerlo. Dicho de otra manera, "para existir tenía que no existir, no tener opiniones ni deseos personales y tenía que ser perfecto". Cuando llegó a la edad adulta, este hombre ponía etiquetas en todas sus relaciones: "debes ser perfecto", "adivina lo que desea el otro", "no molestes", y siempre estaba motivado por esta exhortación: "no tomes en cuenta lo que tú sientes ni lo que deseas".

Hemos impreso estas etiquetas de modo inconsciente, que son como el resultado o desenlace operativo de una secuencia, la mayor parte del tiempo, caída en el olvido:

1. Acción, que no tiene sentido en sí misma (rasgar un libro, caer al suelo, eructar…).
2. Espera de sentido. Se observan las reacciones de los demás (se observa el referente: mamá, papá, institutriz, policía, juez, Estado, sacerdote, ley civil, etcétera).
3. Reacciones de los demás (sonrisa, grito, prisión, medalla, etcétera).[1]
4. Interpretación del comportamiento de los demás (mamá grita, papá me complace porque es débil o porque soy el más guapo, etcétera). En ocasiones la reacción es sin ambigüedad: "¿Qué es lo que le hice a Dios para tener un hijo como éste? ¡Vas a matarme! Tienes el diablo en el cuerpo. Jamás harás nada bueno…".
5. Instalación de la creencia exterior en el interior de uno mismo. Introyección.

En ocasiones, esta creencia se manifiesta bajo la forma de un pensamiento interno que le habla al sujeto. Son frases enunciadas en segunda persona. Comienzan por "tú" y no por "yo"; por ejemplo, "no debes hacerlo", "es demasiado bueno para ti" en lugar de "no debo hacerlo", "es demasiado bueno para mí". En el primer caso, se deduce con claridad que alguna otra persona le habla al sujeto desde su interior.

---

1. Ejemplo: un japonés que fue condenado en Francia a muchos años de prisión por haber matado y comido a su prometida, fue repatriado a su país donde fue recibido como héroe.

Este requerimiento de evaluación, de consentimiento, de aprobación o simplemente de opinión puede durar toda la vida. Algunos hombres (o mujeres) piden siempre a su esposa (o esposo) lo que ellas (ellos) piensan de sus elecciones (de la ropa, de los menús que eligen en el restaurante, de los libros que compran, etcétera) y cuando el otro dice: "¿ya viste qué bonito está aquí?", buscan de inmediato lo que hay de bello en el paisaje y responden de manera afirmativa. Cuando escuchan decir "esta película es malísima", buscan todo lo que no es bueno en esa película y van más allá de lo que el otro dijo: "el actor actúa mal y la música de la película está demasiado fuerte". El otro tiene valor de ley y el primero busca su punto de vista porque tiene prohibido o es incapaz (falta de aprendizaje) de tener su propio punto de vista.

Un ejercicio muy fuerte e importante sería responder la siguiente pregunta:

> Y usted, ¿a quién le preguntaría su punto de vista, antes de forjarse el propio, sobre diferentes temas como: la elección de hábitos, de libros, de películas, de lugares para vacacionar, de nuevos automóviles, de compañera, de compañero, etcétera?

• • •

Voy a presentar otro protocolo, una pequeña experiencia que tiene como objetivo tomar conciencia de la importancia de esta etiqueta, de su influencia y, a continuación, ofrecerle nuevas elecciones.

1. Elija un recuerdo personal preciso, que todavía sea doloroso, y deje llegar de manera espontánea la palabra que califica y que define esta experiencia: calamidad, desgracia, sufrimiento, mala suerte, etcétera.

2. Visualice juntos el recuerdo y su etiqueta, como un cuadro con el título colocado abajo.

3. A continuación, decida de una lista que contiene nuevas etiquetas que sean de apertura, agradables ("oportunidad para crecer", "símbolo de sabiduría", "manifestación de lo absoluto", "guiño del ojo de Dios", "mensaje secreto", "prueba de mi valor", etcétera).

4. Visualice su recuerdo y coloque, una a una, cada etiqueta nueva debajo del cuadro.

5. ¿Cuál es, con cada una de las etiquetas, su emoción, su impresión? ¿Cuál de todas es la más estimulante, la más útil, la que mejor se adapta?

6. Permanezca algunos instantes con su recuerdo y la etiqueta agradable y de apertura que usted eligió.

7. Vuelva a realizar esta asociación recuerdo/etiqueta positiva varias veces al día durante al menos tres semanas.

Con objeto de que la experiencia se convierta en una meta-experiencia, es decir, en una experiencia que englobe a varias y las rebase, emplee en múltiples ocasiones este protocolo para muchos recuerdos negativos. En un momento determinado, se instalará una meta-creencia, una creencia que engloba y rebasa a muchas creencias. Esta creencia es:

"Es posible cambiar de creencias, uno jamás puede estar seguro de manera definitiva del sentido que se le da a un hecho."

Mi madre me educó desde muy pequeño en ese sentido. Cuando regresaba de la escuela y afirmaba que alguna persona era imbécil (se trata de una creencia y no de un hecho objetivo) y decía que no le hablaría nunca más (decisión), ella comentaba: "es probable que esa persona se sienta celosa de tu amabilidad y no sabe decírtelo; es torpe, poco hábil, sufre y es desgraciada…"; y en todas las ocasiones, después de escuchar esas nuevas etiquetas que ella me proponía, una de éstas me llegaba más, me regocijaba y podía sentirme tranquilo, libre de volver a entablar, o no, la relación con ese compañero de escuela en cuestión. El sentido que proponía mi madre sobre los acontecimientos estaba siempre en ventaja respecto del de todo el mundo. En su universo no había hombres malos ni mala suerte. Fueran como fueran los hechos, ella encontraba siempre un ángulo nuevo para observarlos con tranquilidad, paz y diversión. El maestro era injusto:

¿Qué es lo que esto te va a permitir más tarde, cuando seas grande?

— ¡Eh!, comprender a quienes han sufrido una injusticia.
— Y es probable que tú puedas agradecer a ese hombre algún día.

Esta forma de cambiar la etiqueta —y por lo mismo, el sentido— de un acontecimiento se llama, en la programación neurolingüística (PNL), reencuadre. Algunas personas saben hacerlo de modo natural. Yo fui formado de esa manera o con esa habilidad y agradezco a mi madre porque es una facultad que me acompaña cada día, como un recurso permanente, un *jocker* o comodín en la vida. Gracias a ello, mi hermano y yo mismo saltamos siempre en cualquier situación. Incluso si, en ocasiones, vivimos algo dramático, en un momento o en otro surge o se presenta, la buena pregunta: "¿Qué es lo que voy a aprender gracias a esta nueva experiencia, aprendizaje que no habría podido adquirir si las cosas hubieran sucedido de otra forma?" y, al final, llega el regocijo.

> 1. Encuentre una experiencia sufrida, penosa.
>
> 2. Formúlese esta pregunta: "¿Qué es lo que voy a aprender gracias a esta nueva experiencia? ¿Qué aprendizaje voy a vivir, que no habría podido adquirir si las cosas no hubieran ocurrido de esta manera, y esto, en múltiples áreas en mi vida?".

"Las situaciones que no podemos cambiar tienen el poder de cambiarnos" (Bertrand Piccard).

Uno de los organizadores de un congreso de hipnoterapia, el doctor Megglé, escribió este importante texto: "Damos las gracias a los laboratorios farmacéuticos que nos han ayudado a fortificar nuestra autonomía como practicantes al negarnos activamente su ayuda". Y citó los laboratorios. Éste es un bello ejemplo de reencuadre.

Cuando, años más tarde, me encontré con Alain Moenaert, del Instituto Recursos, comprendí mucho mejor lo que hacía mi madre. Este formador de programación neurolingüística (PNL) me mostró el reencuadre de sentido y fue el primero en estructurar en mi espíritu el campo de las creencias. Se lo agradezco.

• • •

> 1. Elija tres experiencias diferentes: una negativa, una neutra y una positiva.
>
> 2. Encuentre ocho explicaciones distintas para cada experiencia.
>
> 3. ¿Qué efectos produce ello en usted?[2]

---

2. Usted podrá ver una ilustración sorprendente en la película *Juana de Arco*, de Luc Besson, en la escena donde un misterioso personaje propone a Juana prisionera múltiples sentidos sobre el descubrimiento de su espada.

Todavía más tarde, fue Peter Fenner quien me permitió ir aún más lejos con su inquietante pregunta: "¿Quién eres cuando dejas de creer?".

Ninguna persona nos obliga a creer lo que estamos a punto de creer desde el momento en que nos volvemos conscientes de que nuestros pensamientos automáticos inconscientes no son más que creencias heredadas del pasado, transmitidas por educadores directos (padres, profesores) e indirectos (sistema social, religioso, etcétera).

Si, en una relación, lo esencial no fuera ya saber quién está equivocado o quién tiene razón, muchas tensiones se desvanecerían. Y si lo esencial ya no fuera un combate de opiniones o un deseo de solucionar o convertir a los demás a nuestras convicciones, sino compartir las experiencias, saldríamos siempre enriquecidos de todas nuestras relaciones.

Es este principio, en esencia no violento, de compartir y no de dominación, el que nos ha guiado a todo lo largo de la redacción de estas páginas. Nada ni nadie lo obliga a creer las hipótesis que hemos presentado en este libro…, y usted tiene la libertad, por otra parte, de "descreer" de acuerdo con su gusto u opinión.

No olvidemos jamás que las opiniones son conclusiones
sacadas de la experiencia.
Compartir sus experiencias permite al otro sacar
sus propias conclusiones.

A partir de ahora, compartamos nuestras experiencias,
no nuestras conclusiones.

Usted ha leído nuestras experiencias.
Saque sus propias conclusiones.

No nos crea a nosotros.
Crea en usted.

Epílogo

El niño se aleja de la tumba bajo la cual reposarán de ahora en adelante los restos de su padre. Sale del cementerio bajo las miradas imbéciles de dos colocadores de etiquetas: el psiquiatra y el sacerdote.

Lo que sucede en él está más allá de las proyecciones del hombre de ciencia y del hombre de Dios. Es un total misterio. Cuando este niño observa el vuelo dudoso, mareado, de la mariposa, ¿quién ve qué? Cuando escucha el campo de cristal de la creación, ¿qué emoción surge en él? ¿Quién puede saberlo?

El niño ha madurado, experiencia tras experiencia.

Encontró una mujer y compartió sus días y sus noches con ella.

Una noche, que no era su aniversario ni el día de San Valentín, ni una fecha particular o simbólica para ellos, le preparó una muy bella sorpresa: un ramo de flores con colores esplendorosos. Al ver ese ramo de flores, la mujer se puso pálida de pronto, arrojó las flores al suelo y le gritó en su cara: "Pero, ¿qué es lo que quieres que te perdone, para que me regales este ramo de flores?".

Nadie más que ella sabía que su novio anterior la engañaba y que en cada ocasión, cuando regresaba de visitar a su amante, le llevaba un ramo de flores. Ella se ponía de inmediato muy contenta, hasta el día en que descubrió su estratagema.

Frente a ella, el joven no supo cómo reaccionar. Ignoraba esta historia pasada y no sabía de nada más que de su gran amor por ella. Se sabía inocente y no podía comprender el hecho de que su novia hubiera arrojado al suelo su regalo. Entonces, estalla en una carcajada y la toma en sus brazos para acariciarle el cabello. Con voz tranquilizante, comenzó a recitarle un antiguo poema:

"Perdóname por amarte tanto,
que pierdo el norte.
Perdona por ser sólo yo,
mientras te hace falta un rey.

Te lo imploro, con los ojos llenos de lágrimas,
que no seas igual que los dioses.

Al reflejo de tus brazos abiertos
mi corazón se abrió
y te dijo:
Sí, sí,
hace mucho tiempo
que cada instante
no habrá sido conocido el minuto de antes".

Se casaron de inmediato, tuvieron muchos hijos encantadores y fueron muy felices la mayor parte del tiempo.

Lista de terapias y protocolos

Lista de cuadros

Bibliografía

Esta bibliografía le permitirá prolongar su lectura y saciará su curiosidad por un instante:

Austin, J. L. (1962), *Cuando decir es hacer*, París, Seuil, 1970.

Bateson, G. (1988), *Comunicación y sociedad*, Seuil.

Berne, E. *Análisis transaccional y psicoterapia*, Poche, 2001.

Blanchet, A. *et al.* (2005), *Modelos del lenguaje y del comportamiento en una secuencia de interacción terapéutica.*

Bruner, J. (1991), *Porque la cultura da forma al espíritu*, París, Eshel.

Cayrol, A., Saint Paul, J. de (1984), *Detrás de la magia. La programación neurolingüística*, París, Intereditions, 1995.

Cottraux, J. (1988), *Las terapias del comportamiento y cognitivas*, París, Masson, 1998.

Epicteto, *El manual*, Poche.

Erickson, M. (1983), *La hipnosis terapéutica*, París, ESF, 1986.

Federn, P. (1952), *La psicología del Yo y las psicosis*, París, P. U. F., 1979.

Fenner, P. (2002), *La valentía para liberarse*, Albin Michel.

Ferney, A., *La conversación amorosa*, Éditions J´ai lu.

Frankl, V. E. (1948), *El Dios inconsciente*, París, Centurión, 1975.

——————— (1988), *Descubrir un sentido en su vida*, Québec, Éditions de l´homme, 1993.

Flèche, C. (2005), *Mi cuerpo para curarme*, Éditions le Souffle d´Or.

Flèche, C. y J. J. Lagardet (2003), *El instante de la curación*, Éditions le Souffle d´Or.

Freud, S. (1905), *La técnica psicoanalítica*, París, P. U. F., 1981.

Ginger, S. (1987), *La Gestalt. Una terapia del contacto*, París, Hommes et Groupes Éditeurs, 1994.

Grinder y Blandler, *Los secretos de la comunicación*, éd. Le Jour, 2002.

Janet, P. (1889), *El automatismo psicológico*, París, Odile Jacob, 1998.

Kaës, R. (1993), *El grupo y el sujeto del grupo*, París, Dunod.

Ladiere, E. (2007), *Psicogenealogía*, éd. Quintessence, 2007.

Lévi-Strauss, C. (2003), *La antropología estructural*, Pocket, 2003.

Mauss, M., *Las técnicas del cuerpo*, 1934.

Moscovici, S. (1992), "La mentalidad prelógica de los civilizados", en U. Flick, *La percepción cotidiana de la salud y de la enfermedad*, París, L´Harmattan.

Petit, M. (1984). *La Gestalt, terapia del aquí y el ahora*, París, E. S. F.

Perls, F., *Terapia Gestalt*, L´exprimerie, 2001.

Piccard, B., *Una huella en el cielo*, éd. Satas.

Phillips, M. y C. Frederick (1995), *Psicoterapia de los estados disociados-Curar al Yo dividido*, Bruselas, Satas, 2002.

Rogers, C. (1961), *El desarrollo de la persona*, París, Dunod, 1998.

Rogers, (1969), *La relación de ayuda y la psicoterapia*, París, E. S. F., 1969.

Rossi, E., *Psicobiología de la curación*, Éditions le Souffle d´Or, 2003.

Roustang, F. (1994), *¿Qué es la hipnosis?*, París, éditions de Minuit.

Saint-Exupéry, A., *El Principito*, Gallimard.

Sellam, S., *El síndrome del tendido*, éd. Berangel, 2000.

Watkins, H. H. (1993), "Terapia del estado del ego: una revisión", en *Cuadernos americanos de hipnosis clínica*, 35, 4, abril, 1993.

Watzlawick, P., et al. (1981), *La invención de la realidad. Contribuciones al constructivismo*, París, Seuil, 1988.

Esta edición se imprimió en julio de 2010, *en Acabados Editoriales Tauro, S.A. de C.V. Margarita No. 84, Col. Los Ángeles, Iztapalapa, C.P. 09360, México, D.F.*